Kochbuch für Männer

200+ einfache Anfänger-Rezepte, schnell & gesund

Inhaltsverzeichnis

Vorwort

Ein Kochbuch für jeden Mann, der sich gerne mal der Herausforderung des Kochens stellen möchte. Egal ob nur für ein schnelles Gericht für sich selbst, oder doch ein ausgefalleneres Rezept für sich und seiner Liebsten.

Egal ob Frühstück, Vorspeise, Hauptspeise oder Dessert in diesem Kochbuch werden Sie alles vorfinden und auch alles problemlos nachkochen können.

Wir haben bewusst auf unnötig dekorierte Rezeptbilder verzichtet, denn seien wir mal ehrlich die bekommt sowieso niemand genauso hin. Statt also jedes Rezept ablichten zu lassen und den Preis des Buches dadurch in die Höhe zu treiben gibt es von uns einfach lieber noch mehr Rezepte, denn davon kann man nicht genug haben!

Nach diesem kurzen Vorwort geht es auch direkt los mit den Rezepten. Viel Spaß und Erfolg beim Ausprobieren!

Suppen

Blumenkohl-Suppe

Zubereitungszeit: 25 Minuten

Nährwertangaben: Kalorien: 706 kcal, Kohlenhydrate: 25g, Fett: 29 g, Eiweiß: 80 g

Zutaten für 4 Portionen:

- 2 Blumenkohl
- 8 TL Gemüsebrühe
- 300 g Schafskäse
- 1 ½ l Wasser

Zubereitung:

1. In einem großen Topf die Gemüsebrühe im Wasser aufkochen und den Blumenkohl darin weich kochen.
2. Etwa die Hälfte des Kohls im Mixer pürieren und anschließend wieder zur Suppe geben. Alles kurz aufkochen lassen.
3. Den Käse klein würfeln und in die Suppe geben. Wenn der Schafskäse geschmolzen ist, kann die Suppe serviert werden.

Möhren-Suppe

Zubereitungszeit: 20 Minuten

Nährwertangaben: Kalorien: 166 kcal, Kohlenhydrate: 14 g, Fett: 8 g, Eiweiß: 7 g

Zutaten für 2 Portionen:

- 3 TL Frischkäse – Kräuter
- 250 g Karotten
- 175 ml Wasser
- 2 TL Butter2 TL Gemüsebrühe

Zubereitung:

1. Die Karotten schälen und klein stückeln.
2. In einem Topf mit der Butter die Karotten andünsten, die Möhren sollen weich sein.
3. Nun das Wasser angießen und die Suppe mit Gemüsebrühe abschmecken, dann nochmal aufkochen lassen.
4. Zum Verfeinern den Frischkäse verwenden.

Tomaten-Paprika-Suppe

Zubereitungszeit: 40 Minuten

Nährwertangaben: Kalorien: 574.8 kcal, Kohlenhydrate: 82.7 g, Fett: 13.2 g, Eiweiß: 27.5 g

Zutaten für 2 Portionen:

- 4 TL Gemüsebrühe
- 2 TL Olivenöl
- 2 Prisen Pfeffer
- 2 Prisen Salz
- 2 Zwiebeln – ca. 100 g
- 15 Blatt Basilikum
- 2 Knoblauchzehen
- 8 Tomaten – ca. 900 g
- 4 Paprika – ca. 550 g

Zubereitung:

1. Basilikum, Knoblauch, Paprika und Zwiebeln sehr fein hacken und dann vermischen. Die Tomaten klein schneiden.
2. In einem Topf mit Öl die gehackten Zutaten andämpfen. Etwa 1 EL Wasser dazugeben und ca. 6-8 Minuten auf kleiner Hitze köcheln lassen. Das Gemüse sollte jetzt gar sein.
3. Nochmal etwa 10 Minuten zugedeckt köcheln lassen, u.U. muss noch Wasser dazugegeben werden.
4. Nun die Tomaten und 300 ml Brühe dazugeben und mit den Gewürzen abschmecken.
5. Im offenen Topf ca. 15 Minuten köcheln lassen. Nun kann nochmal abgeschmeckt werden.

Tomatensuppe

Nährwertangaben: Kalorien: 367.6 kcal, Kohlenhydrate: 32.2g, Fett: 20.3g, Eiweiß: 11.3g

Zutaten:

- 1kg Fleischtomaten
- 1 Bund Petersilie
- Pfeffer
- 400ml Gemüsebrühe
- 2 TL Essig
- 2 EL Olivenöl

Zubereitung:

1. Legen Sie die gewaschenen Tomaten in eine große Schüssel und bringen Sie Wasser in einem Wasserkocher zum Kochen.
2. Übergießen Sie die Tomaten mit dem Wasser, bis diese bedeckt sind. Lassen Sie die Tomaten 15 Minuten darin liegen, bis sie anschließend ganz einfach ihre Haut abpellen können.
3. Erhitzen Sie das Olivenöl in einem Topf bei mittlerer Hitze und lassen die Tomaten 15 Minuten darin garen.
4. Geben Sie anschließend die Gemüsebrühe, die Petersilie, etwas Pfeffer und den Essig in den Topf und pürieren alle Zutaten mit einem Stabmixer.
5. Anschließend lassen Sie die Suppe 15 Minuten köcheln.

Thai-Möhrensuppe

Zubereitungszeit: 20 Minuten

Nährwertangaben: Kalorien: 548.4 kcal, Kohlenhydrate: 27.5 g, Fett: 44.6 g, Eiweiß: 5.1 g

Zutaten für 2 Portionen:

- 500 g Möhren
- 200 ml Kokosmilch
- 1 TL Gemüsebrühe
- 2 TL Currypaste

Zubereitung:

1. Die Möhren schälen, in kleine Stücke schneiden, dann mit der Gemüsebrühe in einem Topf dünsten.
2. Dann mit einem Mixer fein pürieren, dabei die Kokosmilch und die Currypaste einrühren.
3. Wem es noch nicht scharf genug ist, kann noch mit Currypulver nachwürzen.

Brokkoli-Creme

Zubereitungszeit: 35 Minuten

Nährwertangaben: Kalorien: 75kcal, Protein: 5g, Fett: 3g, Kohlenhydrate: 7g

Zutaten für 4 Portionen:

- 500 g Brokkoli
- 2 kleine Zwiebeln
- Meersalz
- 2 TL Olivenöl
- 750 ml Gemüsebrühe
- Schwarzer Pfeffer
- 200 ml Milch

Zubereitung:

1. Den Brokkoli waschen und in kleine Röschen zerteilen. Die Zwiebeln schälen und in kleine Würfel schneiden.
2. In einem Topf das Öl erhitzen und die Zwiebeln bei mittlerer Hitze andünsten. Mit der Brühe aufgießen und den Brokkoli zugeben. Alles salzen und pfeffern und dann solange köcheln, bis der Brokkoli weich ist.
3. Die Suppe mit dem Stabmixer pürieren, die Milch zugießen und noch einmal aufkochen lassen.

Kalabrische Zwiebelsuppe

Zubereitungszeit: 25 Minuten

Kochzeit: 60 Minuten

Nährwertangaben: Kalorien: 2095 kcal, Kohlenhydrate: 302 g, Fett: 60 g, Eiweiß: 72 g

Zutaten für 4 Portionen:

- 500 ml Wasser
- 500 ml Rinderbrühe
- 1 EL Weizenmehl Type 550
- 500 g Zwiebeln
- 4 Scheiben Weizenbrot – altbacken
- 80 g Pecorino
- 3 EL Olivenöl
- Salz
- Peperoncini-Pulver

Zubereitung:

1. Das Wasser und die Brühe in einem großen Topf zum Kochen bringen.
2. Das Mehl in einer kleinen Pfanne ohne Fett anrösten. Ist es leicht braun, sofort aus der Pfanne nehmen.
3. Die Zwiebeln schälen und in sehr dünne Scheiben schneiden.
4. Das Öl in einer großen Pfanne erhitzen und die Zwiebeln darin glasig dünsten, mit Peperoncini und Salz würzen.
5. Nun Zwiebeln und Mehl in die Brühe geben. Die Suppe jetzt etwa 1 Stunde bei kleiner Hitze kochen, dabei immer wieder umrühren.
6. Die Brotscheiben rösten oder toasten und in die Teller legen. Dann die Suppe einfüllen und mit Pecorino bestreuen.

Suppentopf mit Huhn

Zubereitungszeit: 35 Minuten

Nährwertangaben: Kalorien: 305kcal, Protein: 26g, Fett: 2,5g, Kohlenhydrate: 43g

Zutaten für 4 Portionen:

- 2 kleine Hühnerfilets
- 2 Möhren
- 200 g Porree
- 1 l Gemüsebrühe
- 200 g Erbsen
- 200 g Suppennudeln
- Schnittlauch

Zubereitung:

1. Das Fleisch waschen und in mundgerechte Stücke schneiden. Die Möhren schälen und in Ringe schneiden. Den Porree auch in Ringe schneiden.
2. Die Brühe aufkochen und das Fleisch, die Möhren und Porree hineingeben. Nach 10-12 Minuten die Erbsen und Nudeln dazugeben und vermischen.
3. Sind die Nudeln bissfest, kann die Suppe angerichtet werden.
4. Vor dem Servieren den Schnittlauch fein hacken und auf die Suppe streuen.

Karotten-Curry-Suppe

Nährwertangaben: Kalorien: 598 kcal, Kohlenhydrate: 98g, Fett: 15g, Eiweiß: 13g

Zutaten für 4 Portionen:

- 500 g Karotten
- 300 g mehlig kochende Kartoffeln
- 1 Kohlrabi
- 1 Stück frischer Ingwer – 4 cm
- ½ Bund Petersilie
- 1 EL Kokosfett
- 1 EL Kurkuma
- 2 TL Currypulver
- 400 ml Kokosmilch
- ½ l Gemüsebrühe
- Pfeffer und Salz

Zubereitung:

1. Das Gemüse waschen und putzen. Die Karotten in dünne Stiften schneiden. Kartoffeln und Kohlrabe schälen und auch in dünne Stifte schneiden. Den Ingwer schälen und sehr fein hacken. Die Petersilie waschen und fein hacken.
2. Das Kokosfett in einem Topf erhitzen und das gesamte Gemüse anbraten. Gewürze, Kokosmilch und Brühe dazugeben und abgedeckt etwa 15 Minuten köcheln lassen.
3. Die Hälfte der Suppe in eine Schüssel umfüllen, den Rest mit dem Stabmixer pürieren, dann die andere Hälfte wieder in den Topf füllen. Alles einmal aufkochen, mit Pfeffer und Salz abschmecken und mit Petersilie bestreuen. Dann sofort servieren!

Kürbis-Ingwer-Suppe

Nährwertangaben: Kalorien: 463 kcal, Kohlenhydrate: 59g, Fett: 19g, Eiweiß: 10g

Zutaten für 2 Portionen:

- 350 g Hokkaido-Kürbis
- 1 Stück frischer Ingwer – 5 cm
- 2 Knoblauchzehen
- 2 Zwiebeln
- ½ TL Gemüsebrühe
- 1 EL Öl
- Currypulver
- 2 EL saure Sahne
- Schwarzer Pfeffer

Zubereitung:

1. Den Kürbis halbieren und Fasern und Kerne entfernen. Das Fleisch mit Schale würfeln. Ingwer schälen und fein hacken. Knoblauch und Zwiebeln schälen und in Würfel schneiden. Die Brühe in etwa 600 ml kochendem Wasser verrühren.
2. In einem Topf das Öl erhitzen und Zwiebeln andünsten. Ingwer und Knoblauch dazugeben und mitdünsten. Mit dem Currypulver bestreuen und gut durchrühren.
3. Die Kürbiswürfel zugeben und anbräunen. Mit der Brühe ablöschen, dann bei kleiner Hitze abgedeckt etwa 15-20 Minuten unter Rühren köcheln lassen.
4. Ist der Kürbis komplett zerfallen, die Sahne und 100 ml Wasser einrühren. Mit dem Stabmixer die Suppe pürieren und noch einmal aufkochen.
5. Vor dem Servieren die Suppe mit Pfeffer würzen und auf Teller verteilen.

Möhrensuppe mit Ingwer

Nährwertangaben: Kalorien: 435 kcal, Kohlenhydrate: 31g, Fett: 29g, Eiweiß: 7g

Zutaten für 2 Portionen:

- 250 g Möhren
- 1 Stück frischer Ingwer – 6 cm
- 1 Zwiebel
- 2 EL Butter
- Pfeffer, Salz und Zucker
- 450 ml Gemüsebrühe
- ½ Bio-Limette
- 80 g Sahne

Zubereitung:

1. Die Möhren schälen und in dünne Scheiben schneiden. Ingwer und Zwiebel schälen und fein würfeln.
2. In einem Topf die Butter zerlassen, darin die Zwiebeln andünsten. Ingwer und Möhren zufügen und etwa 2-3 Minuten unter Rühren mit dünsten. Mit Pfeffer, Salz und etwa Zucker würzen.
3. Die Brühe dazugießen und bei geringer Hitze abgedeckt 15-20 Minuten garen lassen.
4. In der Zwischenzeit die Limette heiß abwaschen, trockenreiben, die Schale abreiben und den Saft auspressen.
5. Die Sahne steifschlagen und die Limettenschale einrühren.
6. Sind die Möhren weich, den Limettensaft dazugeben und nochmal abschmecken. Nun die Hälfte der Sahne unterrühren und mit dem Stabmixer schaumig rühren.
7. Die Suppe auf Teller geben, die restliche Sahne darauf setzen und ggf. mit Kräutern garnieren.

Orangen-Linsen-Suppe

Nährwertangaben: Kalorien: 575 kcal, Kohlenhydrate: 74g, Fett: 19g, Eiweiß: 23g

Zutaten für 4 Portionen:

- 200 g Karotten
- 1 Knoblauchzehe
- 2 Zwiebeln
- 2 TL Rapsöl
- ½ l Hühnerbrühe
- Pfeffer aus der Mühle
- 150 ml Orangensaft
- 60 g rote Linsen
- 2 EL saure Sahne

Zubereitung:

1. Die Karotten schälen und grob würfeln. Knoblauch und Zwiebeln schälen und in grobe Würfel schneiden.
2. In einem Topf das Öl erhitzen und Knoblauch und Zwiebeln glasig dünsten. Die Karotten dazugeben und etwa 2 Minuten mit dünsten.
3. Die Brühe in den Topf gießen und mit Pfeffer würzen. Im geschlossenem Topf die Suppe etwa 15 Minuten kochen, danach mit dem Stabmixer pürieren.
4. Orangensaft und Linsen zugeben und nochmal 20 Minuten garen.
5. Sind die Linsen weich, kann mit einem Klecks Sahne serviert werden.

Salate

Spinatsalat mit Erdbeeren

Nährwertangaben: Kalorien: 76 kcal, Kohlenhydrate: 7 g, Fett: 1 g, Eiweiß: 8 g

Zutaten:

- 300g Blattspinat
- 100g Erdbeeren
- 30g Himbeeren
- 1TL Kräuteressig
- 2TL stilles Wasser
- Pfeffer

Zubereitung:

1. Waschen Sie die Erdbeeren und den Spinat. Die Erdbeeren werden geviertelt.
2. Nun bereiten Sie das Dressing in einer Salatschüssel vor. Dazu pürieren Sie zunächst die Himbeeren mit einem Stabmixer und rühren anschließend den Essig und das Wasser unter. Zum Schluss würzen Sie das Dressing mit etwas Pfeffer.

Couscoussalat

Nährwertangaben: Kalorien: 509 kcal, Kohlenhydrate: 85 g, Fett: 10 g, Eiweiß: 14g

Zutaten:

- 100 g Couscous
- 2 Fleischtomaten
- Eine halbe Salatgurke
- rote Paprika
- 1 EL Olivenöl
- 1 EL Wasser
- Schnittlauch
- Petersilie
- Pfeffer

Zubereitung:

1. Erhitzen Sie Wasser in einem Wasserkocher. Den Couscous geben Sie in einen Topf oder in eine hitzebeständige Schüssel und füllen so viel heißes Wasser hinein, bis der Couscous bedeckt ist.
2. Lassen Sie den Couscous 10 Minuten ruhen. Während dessen waschen Sie die Tomate, die Gurke und die Paprika mit Wasser ab.
3. Die Tomate schneiden Sie in kleine Stücke. Sie entfernen die Enden der Gurke und schneiden sie ebenfalls sehr klein. Von der Paprika entnehmen Sie die Kerne, die weiße Haut und den Stiel und schneiden auch sie klein. Zudem hacken Sie den Schnittlauch und die Petersilie.
4. In einer Salatschüssel vermischen Sie das Öl mit dem Wasser und dem Pfeffer. Wenn Sie alle Zutaten in die Schüssel gegeben haben, vermengen Sie alles.

Champignon-Salat

Zubereitungszeit: 25 Minuten

Nährwertangaben: Kalorien: 548 kcal, Kohlenhydrate: 3 g, Fett: 51 g, Eiweiß: 13 g

Zutaten als Beilage für 4 Portionen:

- 500 g frische Champignons
- 100 g Spinat
- 5 EL Olivenöl
- 3 EL Zitronensaft
- 1 TL Meersalz
- 1 TL Thymian
- 1 TL Petersilie
- Pfeffer aus der Mühle

Zubereitung:

1. Die Pilze putzen, dann in dünne Scheiben schneiden.
2. Den Spinat waschen und trockenschütteln
3. Das Öl mit Zitronensaft, Salz und Pfeffer in einer Schüssel verrühren.
4. Die Pilze und den Spinat dazugeben und alles gut vermischen.
5. Nun abschmecken und kurze Zeit ziehen lassen.
6. Vor dem Servieren mit Petersilie und Thymian bestreuen.

Caesar-Salat

Zubereitungszeit: 15 Minuten

Nährwertangaben: Kalorien: 1013 kcal, Kohlenhydrate: 20 g, Fett: 60 g, Eiweiß: 89g

Zutaten für 2 Portionen:

- 200 g Hähnchenbrustfilet
- 2 Romanasalat -Herzen
- 2 Knoblauchzehen
- 100 g Parmesan
- 60 g Naturjoghurt
- 3 EL Olivenöl
- 2 TL Essig
- 2 TL Zitronensaft
- 2 TL Senf
- Je 1 Prise Pfeffer und Salz

Zubereitung:

1. Den Salat waschen und klein stückeln.
2. In einer Pfanne mit 1 TL Öl die Hähnchenbrust anbraten, dabei mit Pfeffer und Salz würzen.
3. In einem hohen Gefäß nun Parmesan, Joghurt, 2 EL Öl, Knoblauch, Senf, Zitronensaft und Essig zu einer feinen Masse pürieren. Nach Geschmack würzen.
4. Nun den Salat zum Dressing geben und vermischen. Die Hähnchenbrust in Streifen schneiden.
5. Den Salat in Schalen anrichten und die Hähnchenbruststreifen darauf verteilen.

Gemüse-Schafskäse-Salat

Zubereitungszeit: 30 Minuten

Nährwertangaben: Kalorien: 220kcal, Protein: 10g, Fett: 9g, Kohlenhydrate: 24g

Zutaten für 4 Portionen:

- 2 Salatgurken
- 4 kleine Möhren
- 1 rote Paprikaschote
- 8 Cocktailtomaten
- 200 g Schafskäse
- 1 Dose. Mais – 250 g
- 2 TL Balsamico
- 2 TL Olivenöl
- Meersalz, Pfeffer
- Basilikum

Zubereitung:

1. Das Gemüse waschen, ggf. schälen und klein schneiden.
2. Den Mais in einem Sieb abtropfen lassen und dann mit dem Gemüse in einer Schüssel vermischen.
3. Den Käse in Würfel schneiden und zum Salat geben.
4. Aus Essig, Öl, Salz und Pfeffer eine Marinade rühren. Das Basilikum klein hacken.
5. Die Marinade über den Salat geben und mit Basilikum bestreuen.

Kichererbsen-Salat

Zubereitungszeit: 15 Minuten

Nährwertangaben: Kalorien: 345kcal, Protein: 17g, Fett: 11g, Kohlenhydrate: 42g

Zutaten für 4 Portionen:

- 750 g Kichererbsen – aus der Dose
- 4 Tomaten
- 1 grüne Paprika
- 2 gelbe Paprika
- 400 g Salatgurke
- Weinessig
- 2 EL Olivenöl
- Meersalz, Pfeffer
- TK-Kräutermischung

Zubereitung:

1. Die Kichererbsen in einem Sieb gut waschen und dann abtropfen lassen.
2. Das Gemüse gründlich waschen, in kleine Würfel schneiden.
3. In einer Schüssel die Kichererbsen mit dem Gemüse vermischen.
4. Nun mit Öl, Salz, Pfeffer und Kräutern marinieren.

Tipp: Getrocknete Kichererbsen müssen über Nacht in Wasser eingeweicht werden. Am folgenden Tag mit dem Einweichwasser etwa 35 Minuten kochen, abgießen und auskühlen lassen.

Lamm-Tomaten-Salat

Zubereitungszeit: 15 Minuten

Nährwertangaben: Kalorien: 1687 kcal, Kohlenhydrate: 40 g, Fett: 116 g, Eiweiß: 106 g

Zutaten für 2 Portionen:

- 350 g Lammfilet
- 4 EL Olivenöl
- 200 g gelbe Datteltomaten
- 200 g rote Kirschtomaten
- 2 Salatgurken
- 100 g Mangold
- 300 g Rucola
- 100 g Feta
- 60 g Basilikum-Pesto
- Schwarzer Pfeffer
- Salz

Zubereitung:

1. In einer Pfanne 2 EL Olivenöl erhitzen und das Fleisch 4-6 Minuten anbraten. Das Filet sollte außen kross und innen rosa sein. Dann aus der Pfanne nehmen und zur Seite stellen.
2. Die Tomaten waschen und halbieren. Die Gurken putzen und längs in Scheiben hobeln. Den Mangold waschen und trocknen.
3. Nun das Filet quer in Scheiben schneiden, mit den Tomaten, Gurkenscheiben, dem Mangold und dem Rucola anrichten. Dann den Feta darüber bröckeln.
4. Das Pesto mit dem übrigen Öl mischen, würzen und über den Salat gießen.

Tomaten-Nudel-Salat

Zubereitungszeit: 30 Minuten

Nährwertangaben: Kalorien: 400kcal, Protein: 13g, Fett: 8g, Kohlenhydrate: 68g

Zutaten für 4 Portionen:

- 350 g Nudeln, z.B. Penne oder Spiralen
- 750 g Tomaten
- 1 Knoblauchzehe
- Basilikum
- 2 EL Olivenöl
- Zitronensaft
- Meersalz, Pfeffer

Zubereitung:

1. Die Nudeln nach Packungsanweisung garen, dann abgießen und auskühlen lassen.
2. Die Tomaten waschen und in Stücke schneiden. Den Knoblauch schälen und pressen. Beides mit den Nudeln vermengen und mit Öl, Zitronensaft, Salz und Pfeffer gut vermischen.

Pikanter Feigensalat mit Manchego

Nährwertangaben: Kalorien: 172 kcal, Kohlenhydrate 26 g, Fett 5 g, Eiweiß 6g

Zutaten für 2 Portionen:

- 2 kleine Orangen – a` ca. 125 g
- 2 reife Feigen – a` ca. 60 g
- 2 Zweige Zitronenthymian
- 1 Stück Manchego – ca. 10 g
- Pfeffer aus der Mühle

Zubereitung:

1. Orangen schälen, dass die weiße Haut auch entfernt ist. Über einer Schüssel nun die Orangenfilets herausschneiden. Feigen waschen, putzen, in Spalten schneiden und in einer anderen Schüssel mit den Orangen mischen.
2. Thymian waschen, trockenschleudern. Blätter abzupfen, fein hacken. Unter das Obst mischen, 5 Minuten ziehen lassen.
3. Mit einem Sparschäler den Manchego in sehr dünne Streifen hobeln. Auf den Feigensalat nun Pfeffer aus der Mühle mahlen, Käse darauf anrichten und servieren.

Avocado-Mango-Salat

Nährwertangaben: Kalorien: 1719 kcal, Kohlenhydrate: 28g, Fett: 145g, Eiweiß: 61g

Zutaten für 4 Portionen:

- 2 Avocados
- 1 Mango
- 200 g Rucola
- 2 TL Zitronensaft
- 2 Kugeln Mozzarella

Zubereitung:

1. Avocados halbieren und entkernen. Die Hälften schälen, das Fruchtfleisch würfeln und sofort mit Zitronensaft beträufeln.
2. Die Mango schälen und den Kern entfernen. Das Fruchtfleisch in Würfel schneiden.
3. Den Mozzarella auch würfeln. Den Rucola waschen und die groben Stiele entfernen.
4. Alle Zutaten in einer Schüssel mischen und dann auf Teller verteilen.

Hauptspeisen

Zucchini-Kartoffel-Auflauf

Nährwertangaben: Kalorien: 524.5 kcal, Kohlenhydrate: 89.7g, Fett: 10.6g, Eiweiß: 14.2g

Zutaten:

- 2 Zucchini
- 500 g große Kartoffeln
- Muskat
- 2 Knoblauchzehen
- 100ml Gemüsebrühe
- Salz
- Pfeffer
- Olivenöl

Zubereitung:

1. Als erstes schälen Sie die Kartoffeln und waschen diese. In einem Topf bringen Sie Wasser zum Kochen und salzen dieses leicht. Dann geben Sie die Kartoffeln hinzu und lassen diese garen. Anschließend lassen Sie die Kartoffeln etwas abkühlen, damit Sie die in runde Scheiben schneiden können.
2. Die Zucchini wird gewaschen, ihre Enden entfernt und ebenfalls in runde Scheiben geschnitten. Nun fetten Sie eine Auflaufform mit Olivenöl ein und legen schichtweise und abwechselnd Kartoffeln- und Zucchinischeiben in die Form.
3. Nun bereiten Sie die Soße vor. Die besteht aus Gemüsebrühe, aus gepresstem Knoblauch, aus Muskat, Salz und Pfeffer. Diese gießen Sie über den Auflauf.
4. Nun muss der Auflauf 20 Minuten im Backofen bei 180 Grad Umluft backen.

Bandnudeln mit Spinat und Lachswürfeln

Nährwertangaben: Kalorien: 819 kcal, Kohlenhydrate: 55g, Fett: 38g, Eiweiß: 57g

Zutaten:

- 100g Bandnudeln
- 200g frischer Blattspinat
- 1 Lachsfilet
- 50 ml Gemüsebrühe
- Muskat
- Salz
- Pfeffer
- 1 Knoblauchzehe
- Olivenöl

Zubereitung:

1. Als erstes bringen Sie gesalzenes Wasser in einem Topf zum Kochen und geben anschließend die Nudeln hinein, welche ca. 12 Minuten kochen müssen. In der Zwischenzeit waschen Sie den Spinat mit Wasser ab. Der Lachs wird in einer Pfanne bei mittlerer Hitze mit etwas Olivenöl gegart und anschließend in Würfel geschnitten.
2. In einer Schüssel vermengen Sie die Brühe mit etwas Muskat, Salz, Pfeffer und gepressten Knoblauch. Die Soße sowie der Spinat werden in die Pfanne zu dem Lachs gegeben und kurz aufgekocht.
3. Wenn die Nudeln fertig sind, gießen Sie das Wasser ab. Nun können die Nudeln zusammen mit der Soße serviert werden.

Kartoffeln mit Brokkoli

Nährwertangaben: Kalorien: 696.5 kcal, Kohlenhydrate: 123.4g, Fett: 10.6g, Eiweiß: 22.4g

Zutaten:

- 500g Kartoffel-Drillinge
- 1 Brokkoli
- 50g Rosinen
- 15 ml Brühe
- Pfeffer
- Salz
- Leinsamenöl

Zubereitung:

1. Im ersten Schritt waschen und pellen Sie die Kartoffeln. Diese werden in einen Topf mit kochendem Wasser gegeben und ca. 15 Minuten gegart.
2. Der Brokkoli wird ebenfalls gewaschen und die Röschen werden von dem Strung entfernt. In einer Pfanne wird das Leinsamenöl bei mittlerer Temperatur erhitzt und der Brokkoli angebraten. Nach 10 Minuten geben Sie die Kartoffeln hinzu und lassen auch diese anbraten.
3. Zum Schluss werden die Rosinen beigegeben, die Brühe wird untergerührt und das Gericht wird mit Salz und Pfeffer gewürzt.

Scharfe Kartoffelecken

Nährwertangaben: Kalorien: 547 kcal, Kohlenhydrate: 81g, Fett: 18g, Eiweiß: 9g

Zutaten:

- 500g Kartoffel-Drillinge
- Olivenöl
- Chiliflocken

Zubereitung:

1. Waschen Sie die Kartoffeln gründlich ab, da die Schale behalten bleibt. Vierteln Sie die Kartoffeln in der Länge.
2. Bereiten Sie ein Backblech mit Backpapier vor und legen Sie die Kartoffeln darauf. Pinseln Sie die Kartoffeln von allen Seiten mit Olivenöl ein und streuen Sie die Chiliflocken auf die Kartoffeln. Diese sollen im Backofen bei 180 Grad Ober- Unterhitze 25 Minuten knusprig backen.

Kartoffelpüree

Nährwertangaben: Kalorien: 410 kcal, Kohlenhydrate: 85g, Fett: 2 g, Eiweiß: 12g

Zutaten:

- 500g mehlige Kartoffeln
- 50mlfettarme Milch
- Muskat
- 1TL Scharfer Senf
- Pfeffer
- Salz

Zubereitung:

1. Waschen und Schälen Sie die Kartoffeln. Bringen Sie in einem Topf gesalzenes Wasser zum Kochen und lassen die Kartoffeln 25 Minuten darin garen.
2. Nehmen Sie nun einen Pürierstab zu Hand und stampfen Sie die Kartoffeln. Geben Sie nach und nach die Milch hinzu. Das Kartoffelpüree wird mit etwas Muskat und Pfeffer sowie mit dem Senf gewürzt. Lassen Sie das Kartoffelpüree unter Rühren warm werden.

Lachsburger

Nährwertangaben: Kalorien: 589 kcal, Kohlenhydrate: 42g, Fett: 27g., Eiweiß: 39g

Zutaten:

- 1 Lachsfilet
- 1 Fleischtomate
- 1 Hand voll Rucola
- 1 rote Zwiebel
- 1 Vollkornbrötchen
- 1 EL ungesüßter Joghurt
- 1 TL Zitronensaft
- Olivenöl

Zubereitung:

1. Als erstes erhitzen Sie etwas Olivenöl in einer Pfanne bei mittlerer Hitze und garen den Lachs darin.
2. Der Dip wird aus dem Joghurt und dem Zitronensaft hergestellt. Dazu einfach beide Zutaten verrühren.
3. Waschen Sie die Tomate und schneiden sie in Scheiben. Der Rucola wird ebenfalls gewaschen. Schälen Sie die Zwiebel und schneiden Sie diese in feine Scheiben.
4. Schneiden Sie nun das Brötchen auf und schmieren es von beiden Seiten mit dem Dip ein. Das Brötchen belegen Sie mit den restlichen Zutaten.

Thunfischbaguette

Nährwertangaben: Kalorien: 585 kcal, Kohlenhydrate: 41 g, Fett: 23 g, Eiweiß: 51g

Zutaten:

- 1/4 Ciabatta
- 1 Dose Thunfisch
- 30g Kapern
- 1/4 rote Zwiebel
- 1/4 Gurke
- 1EL Olivenöl
- 1 Hand voll Rucola

Zubereitung:

1. Stellen Sie zuerst die Thunfischpaste her. Dafür vermengen Sie den Thunfisch mit dem Olivenöl, bis eine Paste entsteht.
2. Schneiden Sie das Ciabatta längs durch. Waschen Sie die Gurke und schneiden sie in dünne Scheiben.
3. Die Zwiebel wird geschält und ebenfalls in Scheiben geschnitten. Der Rucola wird ebenfalls gewaschen. Streichen Sie nun das Baguette mit der Thunfischpaste ein und belegen es mit den restlichen Zutaten.

Bandnudeln mit Spinat-Walnuss-Pesto

Nährwertangaben: Kalorien: 1167kcal, Kohlenhydrate: 108g, Fett: 65g, Eiweiß: 29 g

Zutaten:

- 200g Bandnudeln
- 450g Blattspinat
- 50g Walnüsse
- 3 EL Olivenöl
- Salz
- Pfeffer

Zubereitung:

1. Bringen Sie gesalzenes Wasser in einem Topf zum Kochen und lassen Sie die Nudeln 12 Minuten darin garen.
2. In der Zwischenzeit pürieren Sie zunächst den Spinat zusammen mit den Walnüssen, dem Olivenöl, etwas Salz und Pfeffer.
3. Erst anschließend wird es in einen Topf gegeben und erhitzt.

Ofenkartoffeln mit Rosmarin

Nährwertangaben: Kalorien: 563.4 kcal, Kohlenhydrate: 85g, Fett: 18.7g, Eiweiß: 10g

Zutaten:

- 500g Kartoffel-Drillinge
- 2 EL Rosmarin
- Salz
- Olivenöl

Zubereitung:

1. Waschen Sie die Kartoffeln und halbieren Sie in der Länge nach. Legen Sie die Hälften auf ein mit Backpapier ausgelegtes Backblech und streichen diese mit Olivenöl ein. Würzen Sie diese mit etwas Salz und Rosmarin. Die Kartoffeln müssen im Backofen bei 180 Grad Umluft 20 Minuten garen.

Tortellini mit Artischocken

Nährwertangaben: , Kalorien: 1580.5 kcal, Kohlenhydrate: 296.9g, Fett: 14.1g, Eiweiß: 56.7g

Zutaten:

- 400g Tortellini mit Spinatfüllung
- 300g Artischocken
- 2 EL Tomatenmark
- 250ml Gemüsebrühe
- 1 Knoblauchzehe
- 200g Blattspinat
- Salz
- Pfeffer
- Olivenöl

Zubereitung:

1. Bringen Sie etwas gesalzenes Wasser in einem Topf zum Kochen und lassen Sie die Tortellini zwei Minuten garen.
2. Erhitzen Sie etwas Olivenöl in einer Pfanne bei mittlerer Hitze und lassen die Artischocken anbraten. Geben Sie den gewaschenen Spinat hinzu.
3. In einer Schüssel vermengen Sie die Gemüsebrühe mit dem Tomatenmark, etwas Salz und Pfeffer. Geben Sie die Brühe mit in die Pfanne und lassen Sie die Soße aufkochen.

Süßkartoffelpommes

Nährwertangaben: Kalorien: 1088 kcal, Kohlenhydrate: 144g, Fett: 49g, Eiweiß: 9g

Zutaten:

- 3 Süßkartoffeln
- Salz
- Pfeffer
- 50ml Olivenöl
- Paprikapulver

Zubereitung:

1. Schälen Sie die Süßkartoffeln und schneiden Sie in längliche Streifen. Geben Sie die Streifen in eine verschließbare Dose und würzen diese mit etwas Salz, Pfeffer, Olivenöl und etwas Paprikapulver. Schütteln Sie die Dose. Legen Sie die Kartoffeln anschließend auf ein mit Backpapier ausgelegtes Backblech und lassen die Kartoffeln 25 Minuten bei 180° Ober- Unterhitze garen.

Seelachsfilet mit Petersilienkartoffeln

Nährwertangaben: Kalorien: 1045 kcal, Kohlenhydrate: 89g, Fett: 42g, Eiweiß: 68g

Zutaten:

- 2 Seelachsfilet
- 1 Zitrone
- 500g Kartoffeln
- 1 Bund Petersilie
- Olivenöl
- Salz

Zubereitung:

1. Schälen Sie die Kartoffeln. Bringen Sie gesalzenes Wasser zum Kochen und lassen die Kartoffeln 20 Minuten garen.
2. In der Zwischenzeit erhitzen Sie das Olivenöl in einer Pfanne bei mittlerer Hitze und lassen die Seelachsfilets garen. Schneiden Sie die Zitrone in Scheiben. Lassen Sie das Wasser der Kartoffeln ablaufen und würzen diese mit etwas Salz und der gehackten Petersilie. Reichen Sie zu den Seelachsfilets die Zitronenscheiben.

Herzhafter Pfannkuchen

Nährwertangaben: Kalorien: 1338 kcal, Kohlenhydrate: 183g, Fett: 38g, Eiweiß: 66g

Zutaten:

- 250g Mehl
- 500ml Milch
- 3 Eier
- 1 Prise Salz
- Olivenöl
- 30g getrocknete Tomaten
- 1 Bund Basilikum
- 50g Kirschtomaten

Zubereitung:

1. Vermengen Sie zuerst in einer Schüssel mit einem Handrührgerät die Milch mit den Eiern. Anschließend geben Sie das Mehl und das Salz hinzu und vermengen die Zutaten. Waschen Sie die Tomaten und das Basilikum. Das Basilikum wird fein gehackt und die Tomaten kleingeschnitten. Auch die getrockneten Tomaten werden in kleine Stücke geschnitten.
2. Geben Sie die Zutaten ebenfalls in die Schüssel und vermengen Sie alles zu einem Teig. Erhitzen Sie etwas Olivenöl in einer Pfanne und geben jeweils eine Kelle Teig in die Pfanne. Braten Sie den Pfannkuchen von beiden Seiten an.

Zucchini-Nudeln mit grünem Pesto

Zubereitungszeit: 45 Minuten

Nährwertangaben: Kalorien: 1119.5 kcal, Kohlenhydrate: 46.6 g, Fett: 89.4 g, Eiweiß: 23.6 g

Zutaten für 2 Portionen:

- 4 Zucchini – ca. 800 g
- 2 Handvoll Grünkohlblätter o. Stiele
- 10 Blätter Basilikum
- Saft von 1 ½ Zitronen
- 1 Knoblauchzehe
- 8 EL Olivenöl
- 1 ½ EL Cashewnüsse
- 1 ½ EL Pistazien
- 1 TL Haferkleie
- Meersalz
- Schwarzer Pfeffer

Zubereitung:

1. Die Zucchini schälen, die Enden abschneiden. Dann die Zucchini mit einem Sparschäler in lange Streifen schneiden und in einer Schüssel mit 1 TL Salz vermischen und 15 Minuten durchziehen lassen. Danach mit heißem Wasser abspülen, abtropfen und zur Seite stellen.
2. Inzwischen aus den restlichen Zutaten in einem Mixer eine homogene Masse pürieren.
3. Die Nudeln und das Pesto in einer Schüssel gut vermischen, nochmal abschmecken und servieren.

Tipp: Das Gericht kann natürlich auch warm verzehrt werden. Bis 40° C ist es Rohkost!

Gefüllte Tomaten

Zubereitungszeit: 15 Minuten

Backzeit: 30 Minuten

Nährwertangaben: Kalorien: 497.8 kcal, Kohlenhydrate: 26.2 g, Fett: 33.3 g, Eiweiß: 19.6 g

Zutaten für 2 Portionen:

- 2 frische Tomaten
- 2 TL Petersilie
- 2 EL Minze
- 2 EL Paniermehl
- 45 g Provola
- 2 EL Olivenöl
- Peperoncino-Pulver
- Salz

Zubereitung:

1. Die Tomaten und Kräuter waschen und trocknen. Die Deckel der Tomaten abschneiden, dann die Tomaten aushöhlen und das Innere zur Seite legen. Nun die Tomaten umgedreht auf einem Gitter austropfen lassen.

2. Das Fruchtfleisch von Kernen und Verästelungen befreien, dann etwas klein hacken.

3. Den Backofen auf 200°C vorheizen.

4. Die Kräuter fein hacken. Den Provola klein würfeln.

5. In einer Schüssel das Fruchtfleisch mit Kräutern, Käse, Öl und Paniermehl mischen und gut würzen.

6. Mit der Masse die Tomaten füllen, den Deckel auflegen und alles in eine eingeölte Auflaufform geben.

7. Nun etwa 30 Minuten backen.

Huhn kalabrisch

Zubereitungszeit: 15 Minuten

Backzeit: 60 Minuten

Nährwertangaben: Kalorien: 3995 kcal, Kohlenhydrate: 64g, Fett: 299g, Eiweiß: 238 g

Zutaten für 6 Portionen:

- 1 ganzes Hähnchen – ca. 1200 g
- 300 g Kartoffeln
- 450 g Pizzatomaten
- 2 Knoblauchzehen
- 2 EL Basilikum
- 2 EL Oregano
- 6 EL Olivenöl
- Peperoncino-Pulver
- Salz

Zubereitung:

1. Das Hähnchen waschen, das Fleisch von den Knochen entfernen und stückeln.
2. Die Kartoffeln waschen, schälen und in Stücke schneiden. Die Kräuter waschen, trockenschütteln und klein hacken.
3. In einem großen Bräter das Öl erhitzen und die Fleischstücke und Knoblauch bei großer Hitze anbraten. Danach die Knoblauchzehen entfernen.
4. Den Backofen auf 180°C vorheizen.
5. Nun Kartoffeln, Oregano und Tomaten in den Bräter geben und mit den Gewürzen abschmecken.
6. Dann im Ofen etwa 1 Stunde garen. Dabei immer wieder umrühren. Das Basilikum kurz vor dem Servieren einrühren.

Leichter Auberginen-Auflauf

Zubereitungszeit: 35 Minuten

Backzeit: 20 Minuten

Nährwertangaben: Kalorien: 489 kcal, Kohlenhydrate: 16 g, Fett: 34 g, Eiweiß: 25g

Zutaten für 2 Portionen:

- 1 Ei
- 300 g Auberginen
- 200 g Pizzatomaten
- 25 g Zwiebeln
- 1 EL Basilikum
- 35 g Parmesan
- 2 EL Olivenöl
- Pfeffer und Salz

Zubereitung:

1. Das Ei in etwa 8-10 Minuten hart kochen.
2. Inzwischen die Aubergine in etwa 4-5 mm dicke Scheiben schneiden und auf einem Kontaktgrill –oder im Backofen- grillen/backen, bis sie fast trocken und leicht gebräunt sind.
3. Die Zwiebel schälen und fein hacken. Das Basilikum waschen, trocknen und zerrupfen.
4. Den Parmesan reiben. Das Ei in Scheiben schneiden.
5. Den Backofen auf 180°C vorheizen.
6. In einem Topf das Öl erhitzen und die Zwiebelrings darin glasig dünsten. Dann Tomaten und Basilikum dazugeben und mit den Gewürzen abschmecken. Nun 10-15 Minuten bei kleiner Hitze köcheln lassen.

Nudeln mit Kichererbsen

Zubereitungszeit: 120 Minuten

Nährwertangaben: Kalorien:1563 kcal, Kohlenhydrate: 243g, Fett: 35g, Eiweiß: 57g

Zutaten für 4 Portionen:

- 250 g Kichererbsen
- 1 Zwiebel
- 1 Stange Staudensellerie
- 2 TL Petersilie
- 2 Lorbeerblatt
- 2 TL Olivenöl
- Pfeffer und Salz
- 350 g Tria-Nudeln

Zubereitung:

1. Die Kichererbsen mit 1-2 EL Salz in eine Schale geben, dann mit kaltem Wasser auffüllen. Das Wasser soll etwa 3-4 cm über den Erbsen stehen. Das Ganze etwa 8 Stunden oder über Nacht ruhen lassen.

2. Danach die Kichererbsen abschütten, in einem geschlossenem Topf mit Wasser etwa 1 Stunde kochen. Die Kichererbsen müssen immer mit Wasser bedeckt sein.

3. Inzwischen Zwiebel, Sellerie und Petersilie hacken und mit dem Lorbeerblatt in den Topf geben und 1 Stunde kochen.

4. Die Nudeln nach Anleitung al dente kochen. Vor dem Ende der Kochzeit etwa 1/3 der Nudeln herausnehmen und in einer Pfanne im Öl frittieren – nicht zu braun werden lassen.

5. Nun Nudeln und Kichererbsen abgießen, in die Pfanne geben und gut vermischen. Mit den Gewürzen abschmecken, etwas Öl darüber träufeln. Nach ein paar Minuten servieren.

Brokkoli-Geflügel

Zubereitungszeit: 20 Minuten

Nährwertangaben: Kalorien: 941 kcal, Kohlenhydrate: 51g, Fett: 30g, Eiweiß: 108g

Zutaten für 2 Personen:

- 1 Brokkoli – ca. 350 g
- 350 g Hähnchenbrustfilet
- 3 Frühlingszwiebeln
- ½ Knoblauchzehe
- 2 Eier
- 2 EL Vollkorn-Weizenmehl
- 1 EL Olivenöl
- 2 EL Honig
- 2 TL Sojasauce
- Schwarzer Pfeffer
- Salz

Zubereitung:

1. Die Knoblauchzehe zerdrücken und zusammen mit dem Honig und der Hälfte der Sojasauce vermischen.
2. In einer anderen Schüssel die übrige Sojasauce, Pfeffer, Salz und die Eier verrühren.
3. Das Hähnchenfleisch in Streifen schneiden und in der Eimasse marinieren und dann etwa 8 Minuten in Öl anbraten.
4. Die Frühlingszwiebeln kleinschneiden. Brokkoli in Röschen zupfen und in etwa 6-8 Minuten bissfest kochen.
5. Über das Fleisch jetzt die Honigsauce und die Zwiebeln geben.
6. In einer großen Pfanne oder einem Wok nun alle Zutaten vermengen und nochmal 1-2 Minuten aufkochen lassen.

Bunter Auflauf

Zubereitungszeit: 35 Minuten

Backzeit: 25 Minuten

Nährwertangaben: Kalorien: 946 kcal, Kohlenhydrate: 27 g, Fett: 63 g, Eiweiß: 58g

Zutaten für 2 Personen:

- 2 Stangen Porree
- 3 Tomaten
- 1 Zucchini
- 1 Bund Basilikum
- 3 Knoblauchzehen
- 10 Blatt frische Pfefferminze
- 4 TL Parmesan
- 160 g Mozzarella
- 2 EL Olivenöl
- 2 Prisen schwarzer Pfeffer
- 2 Prisen Meersalz

Zubereitung:

1. Die Zucchini in Scheiben schneiden und in einer Pfanne von beiden Seiten anbraten. Danach auf Küchenpapier abtropfen lassen.
2. Die Stielansätze der Tomaten entfernen. In einem Topf Wasser zum Kochen bringen und die Tomaten kurz hineingeben, dann enthäuten und in Scheiben schneiden.
3. Den Porree in Scheiben schneiden. Nun Basilikum, Pfefferminze und Knoblauch fein hacken und vermischen.
4. Den Mozzarella in Würfel schneiden und zur Kräutermischung geben und vermischen.
5. Den Backofen auf 180°C vorheizen.
6. Eine ofenfeste Auflaufform einfetten, dann schichtweise Gemüse und Kräuter-Mozzarella-Mischung darin verteilen, dabei jede Schicht pfeffern und salzen.

7. Nun den geriebenen Parmesan darauf streuen und etwa 25 Minuten backen.

Geflügel-Kartoffel-Pfanne

Zubereitungszeit: 20 Minuten

Nährwertangaben: Kalorien: 1229 kcal, Kohlenhydrate: 129 g, Fett: 22 g, Eiweiß: 119

Zutaten für 2 Personen:

- 300 g Hähnchenbrustfilet
- 150 g grüne Bohnen
- 300 g Kartoffeln
- 8 Cocktailtomaten
- 1 Zwiebel
- 2 Prisen Meersalz
- Olivenöl
- Bohnenkraut
- Pfeffer und Salz

Zubereitung:

1. Die Kartoffeln schälen, klein würfeln und ca. 10 Minuten im Salzwasser kochen. Das Fleisch kleinschneiden.

2. Die Zwiebel schälen, in Würfel schneiden und in einer Pfanne mit Öl glasig andünsten. Dann das Fleisch zufügen, würzen und weiterbraten.

3. Nach ein paar Minuten die Bohnen dazugeben und kurz mitbraten, dann mit dem Bohnenkraut würzen.

4. Nun die Kartoffeln hineingeben und auch mit anbraten. Wenn das Fleisch die gewünschte Farbe hat, die Tomaten in die Pfanne geben.

5. Dann auf Tellern anrichten und genießen.

Gefüllte Champignons

Zubereitungszeit: 25 Minuten

Backzeit: 15 Minuten

Nährwertangaben: Kalorien: 789 kcal, Kohlenhydrate: 17 g, Fett: 59 g, Eiweiß: 39g

Zutaten für 2 Portionen:

- 8 Riesenchampignons
- 1 Zwiebel
- 1 Bund Schnittlauch
- 100 g Schmand
- 100 g geriebener Käse
- 2 TL Olivenöl
- 1 Prise schwarzer Pfeffer
- 1 Prise Meersalz

Zubereitung:

1. Die Champignons putzen, die Stiele herausziehen und zur Seite legen.
2. Die Zwiebel und die Pilzstiele in Würfel schneiden. Den Schnittlauch in Ringe schneiden.
3. Den Backofen auf 200°C vorheizen. Ein Backblech gut einfetten und darauf die Pilze mit dem Loch nach oben verteilen.
4. Pilz- und Zwiebelwürfel in einer Pfanne anbraten, danach die Mischung in einer Schüssel mit dem Schmand verrühren. Dann den Schnittlauch unterrühren und alles würzen.
5. Die Mischung in die Pilze füllen und den Käse darüber streuen. Dann für etwa 15 Minuten backen.

Gefüllte Kartoffeln mit Hackfleisch

Zubereitungszeit: 35 Minuten

Backzeit: 10-15 Minuten

Nährwertangaben: Kalorien: 1133.8 kcal, Kohlenhydrate: 58.8 g, Fett: 58.6 g, Eiweiß: 84.9 g

Zutaten für 4 Personen:

- 250 g Bio-Hackfleisch
- 400 g Kartoffeln
- ½ Bund Frühlingszwiebeln
- 100 g geriebener Emmentaler
- 2 EL Butter
- 2 Prise Paprikapulver
- 1 Prise Pfeffer
- 1 Prise Salz

Zubereitung:

1. Die Kartoffeln waschen und in Salzwasser ca. 15 Minuten garen lassen. Dann abgießen und auskühlen lassen.

2. Die Frühlingszwiebeln putzen, in Ringe schneiden und dann in eine Pfanne mit 1 EL Butter gegeben, Das Hackfleisch dazugeben und mit den Gewürzen abschmecken. Nun alles gut anbraten.

3. Die Kartoffeln halbieren und aushöhlen. Die entnommene Kartoffelmasse mit dem Hackfleisch vermengen und damit die Kartoffelhälften füllen. Nun noch mit Salz bestreuen und die übrige Butter in Flocken darauf verteilen.

4. Jetzt noch den Käser darüber streuen und im Backofen 10-15 Minuten überbacken.

Gemüsetaboule

Zubereitungszeit: 20 Minuten

Nährwertangaben: Kalorien: 943 kcal, Kohlenhydrate: 148 g, Fett: 18 g, Eiweiß: 41 g

Zutaten für 4 Personen:

- 1 Mango
- 2 Paprika
- 2 Stangen Lauchzwiebeln
- 1 Pck. TK-Blattspinat
- 1 Ds. Kichererbsen
- 1 EL Olivenöl
- 100 g Hirse

Zubereitung:

1. In einem Topf die Hirse mit 2 großen Tassen Wasser aufkochen und danach ziehen lassen.
2. Die Frühlingszwiebeln in kleine Stücke schneiden und in einer Pfanne mit Öl anbraten. Nun den Spinat in die Pfanne geben und auftauen lassen. Dann die Flüssigkeit abgießen und alles gut würzen.
3. Mango und Paprika kleinschneiden. Dann in eine Schüssel geben, die anderen Zutaten dazugeben, gut verrühren und abschmecken.

Kartoffel-Champignon-Omelette

Zubereitungszeit: 20 Minuten

Nährwertangaben: Kalorien: 866.2 kcal, Kohlenhydrate: 109 g, Fett: 22.4, Eiweiß: 50.7 g

Zutaten für 2 Portionen:

- 450 g Champignons
- 5 Lauchzwiebeln
- 400 g Kartoffeln
- 300 g Möhren
- 2 Knoblauchzehen
- 4 Eier
- 50 ml Milch
- 2 Prisen schwarzer Pfeffer
- 2 Prisen Meersalz

Zubereitung:

1. Die Kartoffeln schälen, klein würfeln und im Salzwasser weichkochen.
2. Inzwischen die Pilze in dünne Scheiben schneiden. Die Lauchzwiebeln in Würfel schneiden. Knoblauchzehen kleinschneiden.
3. In einer Pfanne nun die Champignons, Lauchzwiebeln und Knoblauch anbraten. Dann die gekochten Kartoffelwürfel hinzufügen und kross anbraten.
4. Die Eier aufschlagen und mit der Milch verquirlen. Die Mischung dann in die Pfanne gießen und das Omelette beidseitig goldbraun braten, dabei nach Geschmack würzen.

Kartoffeln mit Kräuterquark

Zubereitungszeit: 20 Minuten

Nährwertangaben: Kalorien: 611 kcal, Kohlenhydrate: 64 g, Fett: 22 g, Eiweiß: 33

Zutaten für 2 Personen:

- 250 g Kartoffeln
- 1 Knoblauchzehe
- 2 Schalotten
- ½ Zitrone
- 200 g Quark
- 100 g Naturjoghurt
- 40 g Creme fraiche
- Salz

Zubereitung:

1. Die Kartoffeln waschen, schälen und vierteln. In einem Topf mit Salzwasser nun die Kartoffeln kochen.
2. Inzwischen Quark, Joghurt und Creme fraiche verrühren, dann den Zitronensaft hineinpressen.
3. Die Schalotten in Würfel schneiden. Den Knoblauch fein hacken und mit der Zwiebel zum Quark geben und gut vermischen. Dann nach Geschmack würzen. Der Quark sollte dann einige Zeit durchziehen.
4. Die Kartoffeln mit dem Quark servieren.

Möhren-Kartoffel-Gratin

Zubereitungszeit: 15 Minuten

Backzeit: 30 Minuten

Nährwertangaben: Kalorien: 1838 kcal, Kohlenhydrate: 208 g, Fett: 85 g, Eiweiß: 45 g

Zutaten für 4 Personen:

- 1 kg festkochende Kartoffeln
- 300 g Möhren
- 2 Pastinaken
- 250 g Sellerie
- 1 Ei
- 250 ml Milch
- 250 ml Sahne
- Je 1 Prise Muskat, Pfeffer und Salz
- Butter nach Belieben

Zubereitung:

1. Kartoffeln und Gemüse putzen, waschen, dann in dünne Scheiben schneiden. Alles in einer Auflaufform verteilen.
2. Nun Milch, Sahne, Ei und Gewürze vermischen, über das Gratin gießen und mit Butterflöckchen belegen.
3. Nun das Gratin etwa 30 Minuten im Ofen backen.

Paprika-Brokkoli-Spiegelei

Zubereitungszeit: 10 Minuten

Nährwertangaben: Kalorien: 278.6 kcal, Kohlenhydrate: 7.7 g, Fett: 19.4 g, Eiweiß: 16.4 g

Zutaten für 1 Person:

- 1 EL Olivenöl
- ¼ Brokkoli – ca. 100 g
- ½ rote Paprikaschote
- 2 Eier
- 1 Prise Muskatnuss
- 1 Prise Meersalz
- 1 Prise Pfeffer
- 1 Prise Petersilie

Zubereitung:

1. In einer Pfanne das Öl erhitzen.
2. Den Brokkoli klein schneiden. Von der Paprika den Stiel und die Kerne entfernen, dann kleinschneiden. Nun beides in der Pfanne scharf anbraten und am Rand der Pfanne verteilen.
3. Dann die Eier in die Pfanne schlagen, nach Geschmack würzen und zur gewünschten Konsistenz braten.
4. Die Eier mit dem Gemüse anrichten. Zum Schluss mit Petersilie garnieren.

Reisfleisch

Zubereitungszeit: 60 Minuten

Nährwertangaben: Kalorien: 1717 kcal, Kohlenhydrate: 80 g, Fett: 86 g, Eiweiß: 145 g

Zutaten für 4 Portionen:

- 500 g Bio-Schweinegulasch
- 750 ml klare Suppe
- 300 g Reis
- 2 Zwiebeln
- 1 Knoblauchzehe
- 1 Lorbeerblatt
- 1 TL Olivenöl
- 1 TL Majoran
- 1 EL scharfes Paprikapulver
- 1 Prise Pfeffer
- 1 Prise Meersalz
- 1 Prise Kümmel

Zubereitung:

1. Die Zwiebeln schälen, kleinschneiden und in einen großen Topf mit dem Öl geben und unter ständigem Rühren anbraten.
2. Dann das Fleisch dazugeben und mitrösten. Weiter umrühren.
3. Nun das Paprikapulver hineingeben und die klare Suppe angießen, so dass das Fleisch komplett bedeckt ist. Evtl. noch Wasser nachgießen.
4. Nun Reis, Gewürze, Kräuter und Lorbeerblatt dazugeben und bei geschlossenem Deckel etwa 50-60 Minuten dünsten, bis das Wasser verdampft ist.

Schafskäse im Gemüsebett

Zubereitungszeit: 25 Minuten

Backzeit: 20 Minuten

Nährwertangaben: Kalorien: 574 kcal, Kohlenhydrate: 28 g, Fett: 24 g, Eiweiß: 57 g

Zutaten für 2 Portion:

- 2 Tomaten – ca. 250 g
- 1 Zwiebel
- 1 Paprika
- ½ Zucchini
- 250 g Schafskäse
- 2 TL Gemüsebrühe
- 2 TL Balsamico
- 1 Prise Thymian
- Schwarzer Pfeffer

Zubereitung:

1. Die Zwiebel schälen und in Ringe schneiden. Die Tomaten waschen und vierteln. Paprika und Zucchini in Scheiben schneiden.
2. Eine Pfanne erhitzen und etwas Wasser hineingeben. Darin die Zwiebeln etwa 3-4 Minuten dünsten.
3. Den Backofen auf 200°C vorheizen.
4. In eine Auflaufform die Tomaten, Paprika, Zucchini und Zwiebeln geben. Darüber den Schafskäse bröckeln und alles vermischen.
5. In einer Tasse 150 ml Gemüsebrühe mit dem Essig mischen und über die Gemüsemischung gießen. Den Thymian darüber streuen.
6. Nun ca. 15-20 Minuten im Backofen backen.
7. Vor dem Servieren mit dem Pfeffer bestreuen.

Spaghetti mit Artischocken-Soße

Zubereitungszeit: 40 Minuten

Nährwertangaben: Kalorien: 2062 kcal, Kohlenhydrate: 352 g, Fett: 312 g, Eiweiß: 78 g

Zutaten für 4 Personen:

- 1 Zwiebel
- 2 Knoblauchzehen
- 450 g gewürfelte Tomaten
- 1 Bund Petersilie
- 300 g Artischockenherzen – eingelegt
- 4 EL Olivenöl
- 1 TL Oregano
- 1 Msp. Chiliflocken
- 25 g Parmesan
- Je 1 Prise Pfeffer und Salz
- 400 g Spaghetti

Zubereitung:

1. Die Artischockenherzen abgießen, die Marinade auffangen. Die Petersilie und Zwiebel fein hacken.
2. In einer Pfanne mit Olivenöl die Zwiebel glasig andünsten. Knoblauch, Chili, Oregano und die Marinade zugeben und etwa 5 Minuten köcheln lassen. Dann die Tomaten unterrühren, mit Pfeffer und Salz abschmecken und etwa 25 Minuten bei kleiner Hitze köcheln lassen.
3. Inzwischen die Spaghetti nach Packungsanleitung kochen.
4. In die Sauce nun Artischocken, Petersilie und Parmesan einrühren.
5. Nun die Nudeln abgießen, mit der Artischockensoße vermischen und anrichten.

Tomaten-Quinoa-Pfanne

Zubereitungszeit: 25 Minuten

Nährwertangaben: Kalorien: 1300 kcal, Kohlenhydrate: 153 g, Fett: 56 g, Eiweiß: 39 g

Zutaten für 2 Portionen:

- 1 Zwiebel
- 4 Tomaten
- 2 Knoblauchzehen
- 2 Handvoll Spinat
- 50 g Rucola
- 200 g Quinoa
- 30 g Sesam
- 3 EL Olivenöl
- Je 1 Prise Pfeffer und Salz

Zubereitung:

1. Zuerst den Quinoa nach Packungsanleitung zubereiten.
2. In der Zwischenzeit Zwiebel, Tomaten und Knoblauch kleinschneiden.
3. Nun Knoblauch und Zwiebel in einer Pfanne mit Öl glasig andünsten. Den Quinoa zufügen und ca. 5 Minuten mitbraten.
4. Nun in tiefe Teller verteilen, Tomaten und Rucola darauf verteilen und mit Sesam bestreuen.

Zucchini-Lasagne

Zubereitungszeit: 40 Minuten

Backzeit: 30 Minuten

Nährwertangaben: Kalorien: 4332 kcal, Kohlenhydrate: 43 g, Fett: 355 g, Eiweiß: 207 g

Zutaten für 4 Portionen:

- 3 mittelgroße Zucchini
- 1 Zwiebel
- 4 Knoblauchzehen
- 800 g Hackfleisch
- 250 ml klare Gemüsebrühe
- 400 ml Schlagsahne
- 200 g Ziegenkäse
- 50 ml Olivenöl
- Pfeffer und Salz
- ½ TL Currypulver
- ¼ TL Kreuzkümmel
- 1 Prise gemahlener Safran

Zubereitung:

1. Die Zucchini waschen, dann die Stielenden entfernen. Nun die Zucchini in längliche dünne Scheiben schneiden.

2. In einer Pfanne etwas Öl erhitzen, die Zucchini portionsweise von beiden Seiten braten, dabei mit Pfeffer und Salz würzen.

3. Zwiebel und Knoblauch schälen und in feine Würfel schneiden. Beide in einem Topf mit dem übrigen Öl andünsten. Dann das Hackfleisch dazugeben und krümelig braten. Mit Curry, Kümmel, Pfeffer, Safran und Salz abschmecken. Dann mit Brühe und Sahne ablöschen und alles bei mittlerer Hitze etwa 5 Minuten offen kochen lassen.

4. Den Backofen auf 200°C vorheizen. Eine Auflaufform mit Olivenöl einfetten. Dann abwechselnd Zucchinischeiben und Fleischsoße hinein schichten. Darauf den Ziegenkäse in Scheiben oder Würfeln verteilen.

5. Dann die Lasagne etwa 30 Minuten im Ofen garen.

Steak-Burger

Zubereitungszeit: 20 Minuten

Nährwertangaben: Kalorien: 582.7 kcal, Kohlenhydrate: 54.5 g, Fett: 8.6 g, Eiweiß: 68.1 g

Zutaten für 1 Portion:

- 1 Steak – ca. 200 g
- 1 Hamburger-Brötchen
- 1 Bund Rucola
- ½ rote Zwiebel
- 1 große Gewürzgurke
- Gartenkräuter
- 100 g Magerquark
- Pfeffer und Salz

Zubereitung:

1. Das Steak in der Pfanne oder auf dem Grill anbraten, danach pfeffern und salzen. Nach kurzer Ruhezeit in Streifen schneiden.

2. Zwiebel und Gurke in dünne Scheiben schneiden.

3. Den Rucola waschen und trockenschleudern.

4. Aus Quark und Kräutern eine homogene Masse rühren, dann würzen.

5. Das Brötchen mit dem Quark bestreichen. Nun mit dem Salat, Zwiebeln, Gurke und den Steakstreifen belegen.

Bunter Linsen-Eintopf

Zubereitungszeit: 50 Minuten

Nährwertangaben: Kalorien: 505 kcal, Protein: 29 g, Fett: 7 g, Kohlenhydrate: 79 g

Zutaten für 4 Portionen:

- 175 g getrocknete grüne Linsen
- 175 g getrocknete rote Linsen
- 1 große Zwiebel
- 600 g Möhren
- 600 g Kartoffeln
- 2 EL Petersilie
- 2 EL Rapsöl
- 2 TL süßes Paprikapulver
- 1 l Gemüsebrühe
- Meersalz, Pfeffer

Zubereitung:

1. Die grünen Linsen über Nacht einweichen lassen.
2. Am folgenden Tag beide Linsensorten nach Packungsanweisung kochen.
3. Inzwischen die Zwiebel schälen und sehr fein hacken. Die Möhren waschen und klein würfeln. Die Kartoffeln schälen und in große Würfel schneiden. Die Petersilie waschen und fein hacken.
4. In einem großen Topf das Öl erhitzen und die Zwiebeln anschwitzen. Dann Möhren und Petersilie zufügen und auch anschwitzen. Die Kartoffeln dazugeben und den Topf vom Herd ziehen. Das Paprikapulver einstreuen und kräftig durchrühren. Jetzt mit Brühe aufgießen und mit Deckel bei kleiner Hitze etwa 10-12 Minuten köcheln lassen.
5. Nun die Linsen zugeben und noch einmal aufkochen. Mit Salz und Pfeffer abschmecken und heiß servieren.

Dinkel-Krautnudeln

Zubereitungszeit: 30 Minuten

Nährwertangaben: Kalorien: 307kcal, Protein: 12g, Fett: 4g, Kohlenhydrate: 53g

Zutaten für 4 Portionen:

- 600 g Weißkohl
- 125 g Zwiebeln
- 10 g Zucker
- 8 g Rapsöl
- 275 g kurze Dinkel-Nudeln
- Meersalz, Pfeffer
- Kümmel
- Reisessig, Sojasoße

Zubereitung:

1. Den Weißkohl waschen und fein schneiden. Die Zwiebeln schälen und fein hacken.
2. In einem Topf die Zwiebeln mit dem Zucker karamellisieren lassen. Den Kohl zugeben und kurz mitrösten. Mit Reisessig und Wasser ablöschen und weiter dünsten lassen.
3. Mit den Gewürzen und der Sojasoße abschmecken.
4. Die Nudeln in Salzwasser bissfest garen und dann mit dem Kohl vermischen.

Gefüllte Spinat-Schlutzkrapfen

Zubereitungszeit: 55 Minuten

Nährwertangaben: Kalorien: 409kcal, Protein: 13g, Fett: 12,5g, Kohlenhydrate: 61g

Zutaten für 4 Portionen:

- 40 g Spinat
- 300 g Mehl
- 2 Eigelb
- 15 g Rapsöl
- 40 g Hartweizengrieß
- Meersalz
- 400 g Pilze nach Geschmack
- 15 g Olivenöl
- 120 g Schalotten
- 2 Knoblauchzehen
- Kräuter nach Wahl

Zubereitung:

1. Den Spinat waschen und im Mixer zu Püree mixen. Das Püree mit Mehl, Eigelb, Rapsöl, Grieß und etwas Salz zu einem festen Nudelteig verkneten. Dann 30-45 Minuten ruhen lassen.
2. Die Pilze waschen und klein schneiden. Dann in einer Pfanne ohne Fett erhitzen, bis sie zischen. Dann Olivenöl zugeben und die Pilze durchrösten.
3. Inzwischen die Schalotten und den Knoblauch schälen und fein hacken. Beides zu den Pilzen geben und garen lassen, dabei mit Salz und Kräutern abschmecken.
4. Den Teig zu einem schmalen Rechteck ausrollen und auf einer Hälfte im regel-mäßigen Abstand kleine Haufen der Pilzmischung geben, die andere Hälfte darüber schlagen und zwischen den Haufen zusammendrücken. Dann mit einem scharfen Messer Teigtaschen schneiden.
5. In einem Topf Salzwasser kurz aufkochen und die Teigtaschen darin gar ziehen lassen.

Gemüse-Auflauf

Zubereitungszeit: 75 Minuten

Nährwertangaben: Kalorien: 480kcal, Protein: 30g, Fett: 11g, Kohlenhydrate: 63g

Zutaten für 4 Portionen.

- 400 g Blumenkohl
- 400 g Brokkoli
- 250 g Reis
- 2 kleine Möhren
- 1 Zwiebel
- 2 TL Rapsöl
- 200 g Rinder-Hackfleisch
- 400 g passierte Tomatensauce
- Meersalz, Pfeffer,
- 400 ml Milch
- 2 EL Vollkornmehl
- Instant-Suppengewürz
- 5 EL geriebener Käse

Zubereitung:

1. Das Gemüse waschen. Den Blumenkohl und Brokkoli in kleine Röschen zerteilen. Die Möhren klein würfeln. Die Zwiebel schälen und klein hacken.
2. Den Reis nach Packungsanweisung kochen. In einem anderen Topf Blumenkohl und Brokkoli in kochendem Salzwasser etwa 4-6 Minuten garen.
3. Den Backofen auf 170°C vorheizen. Eine Auflaufform einfetten.
4. In eine Pfanne das Öl erhitzen und die Zwiebel und Möhren anrösten. Das Hackfleisch zugeben und unter Rühren gut durchbraten. Dann mit der Tomatensoße ablöschen und würzen. Danach nochmal etwa 20 Minuten die Soße eindicken lassen.
5. Etwa 200 ml Milch mit dem Mehl glattrühren. Die übrige Milch mit dem Suppengewürz erwärmen, dann die Milch-Mehl-Mischung einrühren und aufkochen.
6. Den Reis in die Auflaufform geben und mit Blumenkohl und Brokkoli bedecken. Danach die Soßen darüber gießen und mit Käse bestreuen.
7. Nun den Auflauf etwa 30 Minuten überbacken.

Gemüse-Eintopf

Zubereitungszeit: 35 Minuten

Nährwertangaben: Kalorien: 130kcal, Protein: 9g, Fett: 4g, Kohlenhydrate: 14g

Zutaten für 4 Portionen:

- 2 Zwiebeln
- ½ Sellerieknolle
- 4 Möhren
- 1 Stange Porree
- 250 g Kohlrabi
- 400 g Blumenkohl
- 250 g grüne Bohnen
- 2 TL Rapsöl
- 1 l Gemüsebrühe
- Meersalz, Pfeffer
- Petersilie

Zubereitung:

1. Das gesamte Gemüse gründlich waschen. Die Zwiebeln schälen und sehr fein hacken. Den Sellerie schälen. Das übrige Gemüse klein schneiden.
2. In einem Topf mit Öl die Zwiebeln glasig andünsten. Dann das gesamte Gemüse dazugeben und mit der Brühe aufgießen. Nun bei mittlerer Hitze die Suppe köcheln lassen.
3. Ist das Gemüse weich, alles salzen und pfeffern. Die Petersilie waschen und hacken, dann auf die Suppe streuen.

Gemüse-Jambalaya

Zubereitungszeit: 50 Minuten

Nährwertangaben: Kalorien: 200kcal, Protein: 6g, Fett: 6 g, Kohlenhydrate: 30g

Zutaten für 4 Portionen:

- 200 g Tomaten
- 160 g grüne Paprika
- 80 g Brokkoli
- 45 g Babymais
- 160 g rote Zwiebeln
- 1 Knoblauchzehe
- 250 g Auberginen
- 75 g Reis
- 20 ml Olivenöl
- 45 g Erbsen
- 100 ml Gemüsebrühe
- 1 EL Tomatenmark
- Chilipulver
- Meersalz, Pfeffer

Zubereitung:

1. Das gesamte Gemüse waschen. Die Tomaten und Paprika würfeln. Den Brokkoli in kleine Röschen zerteilen. Den Mais längs halbieren. Die Zwiebeln schälen und achteln. Den Knoblauch schälen und zerdrücken. Die Auberginen in kleine Stücke schneiden.
2. Nun den Reis in einem großen Topf mit Salzwasser garen, danach in einem Sieb abgießen und abtropfen lassen.
3. In einer großen hohen Pfanne das Öl erhitzen und Zwiebeln und Knoblauch anbraten. Nun Auberginen, Paprika, Mais, Erbsen und Brokkoli dazugeben und etwa 3-4 Minuten mitdünsten lassen.
4. Die Brühe dazugießen und Tomaten, Tomatenmark und Chili einrühren. Alles salzen und pfeffern und bei geringer Hitze etwa 15-20 Minuten gar köcheln.
5. Den Reis untermischen und alles 3-4 Minuten ziehen lassen. Danach sofort servieren.

Grünes Hirserisotto

Zubereitungszeit: 45 Minuten

Nährwertangaben: Kalorien: 510kcal, Protein: 26g, Fett: 9g, Kohlenhydrate: 80g

Zutaten für 4 Portionen:

- 1 Zwiebel
- 750 g Brokkoli
- 80 g Fenchel
- 2 EL Petersilie
- 2 EL Schnittlauch
- 200 g Erbsenschoten
- 200 g Erbsen
- 1 l Gemüsebrühe
- 350 g Hirse
- Meersalz, Pfeffer
- 4 EL geriebener Käse

Zubereitung:

1. Die Zwiebel schälen und klein würfeln. Das übrige Gemüse waschen. Den Brokkoli in kleine Röschen zerteilen. Den Fenchel klein schneiden. Die Kräuter fein hacken.
2. In einem Topf etwas Öl erhitzen und die Zwiebel anrösten. Dann das gesamte Gemüse und die Kräuter zugeben und alles kurze Zeit anrösten. Nun mit 250 ml Brühe ablöschen und etwa 5-7 Minuten garen lassen.
3. Nun die Hirse in den Topf geben und kurz garen, dann die übrige Brühe dazugeben und die Hirse etwa 20 Minuten weichkochen. Dabei mit Salz und Pfeffer abschmecken.
4. Das Risotto anrichten und mit dem Käse bestreuen.

Kartoffel-Tortilla

Zubereitungszeit: 40 Minuten

Nährwertangaben: Kalorien: 440kcal, Protein: 19g, Fett: 12g, Kohlenhydrate: 61g

Zutaten für 4 Portionen:

- 200 g Dinkelmehl
- 2 TL Weinstein-Backpulver
- 4 Eier
- 100 ml Milch
- Meersalz, Pfeffer, Muskat
- 600 g Kartoffeln
- 2 EL Olivenöl
- 1 Kopfsalat
- 2 rote Paprikaschoten
- 2 TL Joghurt
- 5 EL Essig
- 1 TL mittelscharfer Senf

Zubereitung:

- Das Mehl in eine Schüssel sieben und mit dem Backpulver vermischen. Die Eier verquirlen und unter das Mehl mischen. Nun langsam Milch zugießen und mit Salz, Pfeffer und Muskat würzen. Dann zu einem festen Teig kneten. Den Teig etwa 20-25 Minuten ruhen lassen.
- Inzwischen die Kartoffeln schälen und grob raspeln. Den Salat waschen und in kleine Stücke schneiden. Die Paprika waschen und in dünne Streifen schneiden.
- In einer Pfanne das Öl erhitzen und die die Hälfte der Kartoffeln leicht andünsten, dann die Hälfte des Teigs darüber geben und von beiden Seiten goldbraun backen. Mit den übrigen Kartoffeln und dem teig genauso verfahren.
- Aus Joghurt, Essig, Senf, Salz und Pfeffer eine Marinade rühren. Den Salt und die Paprika vermengen, die Marinade darüber geben und zu den Tortillas reichen.

Ratatouille

Zubereitungszeit: 25 Minuten

Nährwertangaben: Kalorien: 73ckal, Protein: 3g, Fett: 3g, Kohlenhydrate: 8g

Zutaten für 4 Portionen:

- 150 g Zwiebeln
- 300 g Zucchini
- 250 g Auberginen
- 400 g Tomaten
- 200 g gelbe Paprika
- 2 Knoblauchzehen
- Frische Kräuter, z.B. Thymian, Oregano
- Meersalz, Pfeffer
- Olivenöl

Zubereitung:

1. Das Gemüse waschen. Die Zwiebeln schälen und fein hacken. Zucchini, Auberginen, Paprika und Tomaten in Stücke schneiden. Den Knoblauch schälen und fein hacken.
2. In einem großen Topf Öl erhitzen und die Zwiebeln glasig anschwitzen. Nun Zucchini, Auberginen und Paprika dazugeben und 5-6 Minuten dünsten.
3. Dann die Tomaten zufügen und mit Knoblauch, Salz und Pfeffer würzen. Nun weitere 5-10 Minuten dünsten.
4. Die Kräuter hacken und vor dem Servieren darüber geben.

Spargel-Pilz-Risotto

Zubereitungszeit: 60 Minuten

Nährwertangaben: Kalorien: 490kcal, Protein: 19g, Fett: 19g, Kohlenhydrate: 55g

Zutaten für 4 Portionen:

- 45 g Zwiebeln
- 300 g grüner Spargel
- 300 g weißer Spargel
- 200 g Austernpilze
- 50 g getrocknete Tomaten
- 50 g Kürbiskerne
- 75 g Parmesan
- 15 g Olivenöl
- 250 g Risottoreis
- 100 ml Weißwein
- 2 g Muskatpulver
- 1 l Wasser
- Kräutersalz

Zubereitung:

1. Die Zwiebeln schälen und klein hacken. Den weißen Spargel schälen und in etwa 2 cm lange Stücke schneiden. Die Pilze und Tomaten klein schneiden. Die Kürbiskerne in einer Pfanne ohne Fett rösten und dann hacken. Den Parmesan fein reiben. Den Reis heiß waschen, dann abtropfen lassen.
2. In einem Topf mit Öl die Zwiebeln andünsten. Nun den Reis zugeben und glasig werden lassen. Mit dem Wein aufgießen und gut verrühren. Dann Muskat und Tomaten zufügen.
3. Nach und nach das Wasser etwa 40 Minuten unter Rühren zugießen. Nach etwa 25 Minuten die Pilze dazugeben. Nach 35 Minuten die Spargelsorten zugeben, mitdünsten lassen und dabei vorsichtig rühren.
4. Am Ende den Parmesan und das Kräutersalz unterrühren.
5. Vor dem Servieren mit den Kürbiskernen bestreuen.

Spinat-Auflauf

Zubereitungszeit: 45 Minuten

Nährwertangaben: Kalorien: 220kcal, Protein: 30g, Fett: 5,5g, Kohlenhydrate: 9g

Zutaten für 1 Auflauf:

- 800 g frischer Blattspinat
- 1 Zwiebel
- 1 TL Sonnenblumenöl
- Meersalz, Pfeffer
- Knoblauchpulver
- 250 g Joghurt
- 80 g Hartkäse nach Wahl

Zubereitung:

1. Den Spinat waschen und trockenschleudern. Die Zwiebel schälen und klein würfeln.
2. Den Backofen auf 180°C vorheizen. Eine Auflaufform leicht einfetten.
3. In einer Pfanne das Öl erhitzen und die Zwiebel glasig anschwitzen. Die Temperatur herunterregeln und den Spinat in die Pfanne geben und alles mit Salz, Pfeffer und Knoblauch abschmecken. Die Mischung nun in die Auflaufform füllen.

Den Hartkäse fein raspeln und mit dem Joghurt verquirlen. Dann über den Auflauf gießen und im Ofen etwa 20 Minuten überbacken

Spinat-Lasagne

Zubereitungszeit: 60 Minuten

Nährwertangaben: Kalorien: 465kcal, Protein: 24g, Fett: 10g, Kohlenhydrate: 66g

Zutaten für 1 Auflaufform:

- 500 g frischer Blattspinat
- ½ Zwiebel
- 1 Knoblauchzehe
- 1 TL Rapsöl
- Meersalz, Pfeffer
- 200 ml Milch
- 1 EL Vollkornmehl
- Suppenwürze
- 8 Blätter Lasagne
- 75 g Schafskäse

Zubereitung:

1. Den Spinat waschen, in wenig Wasser kurz blanchieren und dann gut ausdrücken. Die Zwiebel und Knoblauch schälen und fein hacken.
2. In einer Pfanne das Öl erhitzen und Zwiebel und Knoblauch glasig anschwitzen. Den Spinat zugeben und salzen und pfeffern.
3. Etwa 100 ml Milch mit dem Mehl verrühren, die übrige Milch mit der Suppenwürze erwärmen. Die Mehl-Milch-Mischung einrühren und kurz aufkochen lassen.
4. Den Backofen auf 170°C vorheizen. Eine Auflaufform einfetten.
5. Den Schafskäse zerkleinern. Nun abwechselnd Lasagneblätter, Spinat und Käse einschichten und mit Lasagneblättern und der Soße abschließen.
6. Dann im Backofen etwa 25-30 Minuten backen.

Überbackene Zucchini

Zubereitungszeit: 45 Minuten

Nährwertangaben: Kalorien: 410kcal, Protein: 15g, Fett: 11g, Kohlenhydrate: 60g

Zutaten für 4 Portionen:

- 250 g Reis
- 1 Zwiebel
- 200 g Möhren
- 100 g Staudensellerie
- 200 g rote Paprika
- 400 g geschälte Tomaten – Dose
- 4 Zucchini
- 2 TL Olivenöl
- Meersalz, Pfeffer, Basilikum
- 200 g Schafskäse

Zubereitung:

1. Den Reis nach Packungsanweisung garen.
2. Den Backofen auf 180°C vorheizen. Eine ofenfeste Form leicht einfetten.
3. In der Zwischenzeit die Zwiebel schälen und hacken. Das übrige Gemüse waschen. Die Möhren, Sellerie, Paprika und Tomaten klein schneiden. Die Zucchini längs halbieren, aushöhlen und das Fruchtfleisch klein schneiden.
4. In einer Pfanne das Öl erhitzen und die Zwiebel anbraten. Dann Möhren, Sellerie und Zucchini dazugeben und anbraten. Die Tomaten zufügen und solange bei mittlerer Hitze kochen, bis alles weich ist. Dabei immer wieder umrühren und mit Salz, Pfeffer und Basilikum würzen.
5. Die Masse in die Zucchini füllen und mit dem Schafskäse betreuen. Dann in die Form legen und etwa 15 Minuten überbacken.

Wok-Gemüse mit Reis

Zubereitungszeit: 30 Minuten

Nährwertangaben: Kalorien: 380kcal, Protein: 12g, Fett: 4,5g, Kohlenhydrate: 71g

Zutaten für 4 Portionen:

- 300 g Basmatireis
- 1 TL Kurkuma
- 400 g Porree
- 400 g Möhren
- 400 g Zucchini
- 2 rote Paprika
- 2 EL Rapsöl
- 100 g Sojasprossen
- 4 EL Sojasoße
- Chili, Meersalz, Pfeffer

Zubereitung:

1. Den Reis mit dem Kurkuma nach Packungsanweisung zubereiten.
2. Inzwischen das Gemüse waschen, putzen und in kleine Stücke schneiden.
3. Das Öl in dem Wok erhitzen und das gesamte Gemüse unter Rühren anbraten. Dann die Sprossen zugeben und mit Sojasoße, Chilipulver, Salz und Pfeffer abschmecken.
4. Den Reis abgießen, abtropfen lassen und mit dem Gemüse anrichten.

Chinakohl-Roulade

Zubereitungszeit: 45 Minuten

Nährwertangaben: Kalorien: 444 kcal, Protein: 11 g, Fett: 26 g, Kohlenhydrate: 41g

Zutaten für 4 Portionen:

- 750 g mehlig kochende Kartoffeln
- 8 Blätter Chinakohl
- 75 g Walnüsse
- 20 g Petersilie
- 40 g Mehl
- Meersalz
- 60 ml Gemüsebrühe

Zubereitung:

1. Die Kartoffeln schälen, in grobe Stücke schneiden und in Salzwasser gar kochen. Dann abgießen, abtropfen lassen und mit dem Stabmixer pürieren.
2. Die Kohlblätter in kochendem Wasser blanchieren, abtrocknen lassen und die Rippen flachdrücken.
3. Die Walnüsse zerbrechen und in einer Pfanne trocken anrösten. Dann abgekühlt zur Kartoffelmasse geben. Die Petersilie waschen und fein hacken, dann auch zur Masse geben und untermischen.
4. Den Backofen auf 180°C vorheizen. Eine große Auflaufform einbuttern.
5. Nun die Chinakohlblätter auslegen und die Kartoffelmasse darauf mittig verteilen, dann aufrollen. Dann in die Form legen.
6. Die Brühe mit dem Mehl anrühren und über die Rouladen geben.
7. Die Rouladen nun etwa 20-25 Minuten garen.

Kürbisgnocchi mit Spinatsoße

Zubereitungszeit: 40 Minuten

Nährwertangaben: Kalorien: 390kcal, Protein: 17g, Fett: 16g, Kohlenhydrate: 32g

Zutaten für 4 Portionen:

- 600 g Kürbis
- 10 g Butter
- 2 Eier
- 200 g Weizengrieß
- 75 g geriebener Parmesan
- Meersalz
- 200 g Spinat
- 45 g Zwiebeln
- Butter
- 400 ml Gemüsebrühe
- 50 g Sahne
- Knoblauchpulver

Zubereitung:

1. Den Kürbis in Würfel von 1 cm schneiden, dann in einem Topf mit 10 g Butter weich dünsten. Nun mit dem Stabmixer pürieren und das Püree mit Eiern, Grieß, Parmesan und Salz zu einem festen Teig kneten.

2. Aus dem Teig nun eine Rolle von etwa 3 cm Durchmesser formen und davon etwa 2cm breite Stücke abschneiden.

3. In einem Topf Salzwasser aufkochen lassen und die Gnocchi etwa 7-8 Minuten gar ziehen lassen.

4. Inzwischen den Spinat mit dem Stabmixer fein pürieren. Die Zwiebeln schälen und fein hacken.

5. In einem Topf etwas Butter schmelzen und die Zwiebeln glasig anschwitzen, mit Brühe ablöschen und aufkochen lassen. Die Sahne zugeben und alles cremig einkochen. Den Spinat zufügen und mit den Gewürzen abschmecken.

6. Die Soße auf Tellern anrichten und die Gnocchi darauf verteilen.

Dorsch mit Tomatenkruste

Zubereitungszeit: 50 Minuten

Nährwertangaben: Kalorien: 180kcal, Protein: 36g, Fett: 1g, Kohlenhydrate: 5g

Zutaten für 4 Portionen:

- 4 Dorsch-Filets
- 4 Tomaten
- Zitronensaft
- Meersalz, Pfeffer
- Gehackte TK-Kräuter

Zubereitung:

1. Den Backofen auf 180°C vorheizen.
2. Den Fisch abspülen, trockentupfen und mit Zitronensaft einreiben. Dann salzen und pfeffern und in eine große Auflaufform legen.
3. Die Tomaten waschen und klein würfeln. Dann mit den Kräutern vermischen und über dem Fisch verteilen.
4. Nun den Fisch etwa 30 Minuten garen.
5. Als Beilage eignet sich Reis ausgezeichnet.

Gemüsefisch mit Reis

Zubereitungszeit: 45 Minuten

Nährwertangaben: Kalorien: 430kcal, Protein: 36g, Fett: 5g, Kohlenhydrate: 58g

Zutaten für 4 Portionen:

- Je 1 Paprika in allen drei Farben
- 2 Zucchini
- 4 Knoblauchzehen
- 600 g Kabeljau
- 2 Ds. geschälte Tomaten
- Meersalz, Pfeffer
- 2 TL Olivenöl
- Rosmarin, Oregano
- 250 g Basmatireis

Zubereitung:

1. Die Paprika und Zucchini waschen und in feine Streifen schneiden. Den Knoblauch schälen und in dünne Scheiben schneiden. Den Fisch portionsweise schneiden und salzen und pfeffern.
2. In einem Topf das Öl erhitzen und den Knoblauch unter Rühren anbraten. Das Gemüse und die Kräuter zugeben und etwa 6-8 Minuten dünsten.
3. Den Reis etwa 12-14 Minuten in Salzwasser kochen, danach abgießen.
4. Nun den Fisch auf dem Gemüse verteilen und etwas Gemüsesoße darüber geben. Dann bei kleiner Hitze etwa 6-8 Minuten zugedeckt dünsten lassen.
5. Danach den Fisch mit Gemüse und Reis servieren.

Spaghetti mit Lachs

Zubereitungszeit: 40 Minuten

Nährwertangaben: Kalorien: 445kcal, Protein: 23g, Fett: 10g, Kohlenhydrate: 64g

Zutaten für 4 Portionen:

- 350 g Vollkorn-Spaghetti
- 200 g Räucherlachs
- 4 Lauchzwiebeln
- 2 TL Olivenöl
- Limettensaft
- 75 g Rucola
- 2 TL Pinienkerne

Zubereitung:

1. Die Nudeln nach Packungsanweisung kochen, danach abgießen und abtropfen lassen.
2. Inzwischen den Fisch in kleine Stücke schneiden. Die Lauchzwiebeln waschen und in feine Ringe schneiden.
3. In einer Pfanne das Öl erhitzen und die Lauchzwiebeln anschwitzen lassen. Dann mit etwas Limettensaft ablöschen und vom Herd ziehen.
4. In die Pfanne nun den Fisch, den Rucola und die Nudeln geben und gut vermischen.
5. In einer zweiten Pfanne die Kerne ohne Fett anrösten.
6. Die Spaghetti anrichten und mit den Kernen bestreut servieren.

Szegediner Fischgulasch

Zubereitungszeit: 45 Minuten

Nährwertangaben: Kalorien: 280kcal, Protein: 23g, Fett: 16g, Kohlenhydrate: 8g

Zutaten für 4 Portionen:

- 200 g Zwiebeln
- 45 g Rauchfleisch
- 100 g Kartoffeln
- 400 g Fischfilet nach Wahl
- 25 g Rapsöl
- Edelsüßes Paprikapulver
- Kümmelpulver
- 30 g Tomatenmark
- 600 g Sauerkraut
- Meersalz, Pfeffer
- Zitronensaft

Zubereitung:

1. Die Zwiebeln schälen und fein hacken. Das Fleisch in kleine Würfel schneiden. Die Kartoffeln schälen und fein reiben. Den Fisch abspülen, trockentupfen, würzen und in mundgerechte Stücke schneiden.
2. In einem Topf das Öl erhitzen und die Zwiebeln darin andünsten. Das Fleisch zugeben und mit Paprika und Kümmel würzen.
3. Nun das Tomatenmark einrühren und Wasser angießen. Das Sauerkraut in den Topf geben und weichdünsten lassen.
4. Dann die geriebenen Kartoffeln zufügen und unterrühren. Den Fisch auf dem Sauerkraut verteilen und im Topf gar werden lassen.

Italienisches Risi-Pisi

Zubereitungszeit: 35 Minuten

Nährwertangaben: Kalorien: 540kcal, Protein: 22g, Fett: 10g, Kohlenhydrate: 90g

Zutaten für 4 Portionen:

- 350 g Reis
- 600 g Erbsen
- 4 große Scheiben gekochter Schinken
- 1 TL Rapsöl
- 400 ml Tomatensoße
- 3 Basilikumblätter
- 1 Zweig Rosmarin
- 1 Lorbeerblatt
- Meersalz, Pfeffer, Petersilie
- 2 EL geriebener Parmesan

Zubereitung:

1. Den Reis nach Packungsanweisung zubereiten. Die Erbsen etwa 5 Minuten in kochendem Salzwasser kochen und dann abgießen. Den Schinken in feine Streifen schneiden.
2. Das Öl in einer Pfanne erhitzen und den Schinken anbraten. Nun Tomatensoße, Kräuter und Erbsen zugeben und vermischen. Dann die Soße sämig einkochen und mit Salz und Pfeffer würzen.
3. Den Reis mit der Erbsensoße anrichten und mit Parmesan bestreuen.

Hühnchen-Wraps

Zubereitungszeit: 70 Minuten

Nährwertangaben: Kalorien: 255kcal, Protein: 24g, Fett: 8g, Kohlenhydrate: 22g

Zutaten für 4 Portionen:

- 250 g Vollkornmehl
- 250 ml Milch
- 250 ml Mineralwasser
- 4 Eier
- Meersalz
- Rapsöl
- 4 Hähnchenbrustfilets
- 2 TL Olivenöl
- Je 1 gelbe und rote Paprika
- 1 Zucchini
- 2 Möhren
- Limettensaft

Zubereitung:

1. Das Mehl mit Milch, Mineralwasser, Eiern und Salz zu einem flüssigen Teig verrühren und dann etwa 45 Minuten stehen lassen.
2. Etwas Öl in einer Pfanne erhitzen und aus dem Teig Fladen braten. Dann herausnehmen und im Backofen warm halten.
3. Das Fleisch waschen, trockentupfen und in kleine Streifen schneiden. 1 TL Öl mit etwas Salz vermischen und das Fleisch darin marinieren.
4. In der Zwischenzeit Paprika, Zucchini und Möhren waschen und in feine Streifen schneiden.
5. Nun das Fleisch in einer Pfanne 4-6 Minuten rundherum braten. Das Gemüse und etwas Limettensaft zugeben und unter Rühren noch einmal 4-6 Minuten unter Rühren garen.
6. Die Fladen aus dem Ofen nehmen und am oberen Rand etwas von der Füllung verteilen.
7. Dann zu Wraps zusammenklappen und genießen.

Kohllaibchen

Zubereitungszeit: 40 Minuten

Nährwertangaben: Kalorien: 211kcal, Protein: 13g, Fett: 9g, Kohlenhydrate: 19g

Zutaten für 4 Portionen:

- 600 g Wirsingkohl
- 80 g Zwiebeln
- 80 g Schinken
- 200 g Kartoffeln
- 12 g Rapsöl
- 2 Eier
- 40 g Mehl
- Meersalz, Pfeffer, Muskat

Zubereitung:

1. Den Kohl halbieren, kurz blanchieren und die Strünke entfernen. Dann in feine Würfel schneiden. Die Zwiebel schälen und fein hacken. Den Schinken in Würfel schneiden. Die Kartoffeln schälen und fein reiben.
2. In einem Topf etwas Öl erhitzen und Zwiebeln und Schinken goldbraun anrösten. Den Kohl dazugeben und salzen. Dann solange dünsten, bis keine Flüssigkeit mehr da ist.
3. Die Masse abkühlen lassen, dann die Kartoffeln zugeben und zu einer cremigen Masse vermischen. Daraus Frikadellen formen und in übrigen Öl von beiden Seiten braten.
4. Dazu passen Petersilienkartoffeln und Schnittlauchsoße.

Paprikahuhn auf Erbsenreis

Zubereitungszeit: 50 Minuten

Nährwertangaben: Kalorien: 420kcal, Protein: 34g, Fett: 7g, Kohlenhydrate: 54g

Zutaten für 4 Portionen:

- 400 g Hühnerbrust
- 300 g Champignons
- 3 Zwiebeln
- 2 EL Olivenöl
- Edelsüßes Paprikapulver
- 2 EL Mehl
- 200 g Basmatireis
- 150 g TK-Erbsen

Zubereitung:

1. Das Fleisch abspülen, trockentupfen und in mundgerechte Stücke schneiden. Die Pilze putzen und in dünne Scheiben schneiden. Die Zwiebeln schälen und fein hacken.
2. In einem Topf das Öl erhitzen und die Zwiebeln kurz anbraten, dann Champignons und Fleisch dazugeben und auch anbraten. Das Paprikapulver einstreuen und mit so viel Wasser aufgießen, damit das Fleisch komplett bedeckt ist. Nun bei mittlerer Hitze etwa 20 Minuten kochen lassen.
3. Das Mehl in lauwarmem Wasser einrühren und in den Topf geben und gut vermischen. Dann noch einmal kurz aufkochen lassen.
4. Den Reis nach Packungsanweisung zubereiten und kurz vor Ende der Kochzeit die Erbsen zufügen. Dann mit dem Paprikahuhn servieren.

Schweinemedaillons mit Kartoffelpüree

Zubereitungszeit: 45 Minuten

Nährwertangaben: Kalorien: 310kcal, Protein: 34g, Fett: 8g, Kohlenhydrate: 23g

Zutaten für 4 Portionen:

- 500 g Schweinemedaillons
- Meersalz, Pfeffer
- 3 TL Olivenöl
- 2 Zucchini
- 6 Möhren
- 400 g Kartoffeln
- ¼ l Milch
- Muskatnuss

Zubereitung:

1. Das Fleisch abspülen, trockentupfen und salzen und pfeffern. Dann in einer Pfanne mit 2 TL Öl rundherum scharf anbraten. Aus der Pfanne nehmen und im Backofen bei 170°C warm stellen.
2. Nun Zucchini und Möhren waschen und in kleine Stücke schneiden. Dann in der Pfann mit dem übrigen Öl kurz anbraten.
3. Die Kartoffeln in Salzwasser weichkochen, denn schälen und mit einem Stampfer zu Püree verarbeiten. Die Milch einrühren und das Püree mit Muskat, Salz und Pfeffer abschmecken.
4. Nun Medaillons mit Gemüse und Püree anrichten und servieren.

Gegrillter Pfeffer-Lachs mit Zitronenbutter

Nährwertangaben: Kalorien: 1946 kcal, Kohlenhydrate: 9g, Fett: 124g, Eiweiß: 185g

Zutaten für 4 Portionen:

- 1 Bio-Zitrone
- 30 g Joghurtbutter
- 1 TL süßer Senf
- 4 Lachskoteletts – a` ca. 200 g
- Salz
- Grober bunter Pfeffer

Zubereitung:

1. Die Zitrone heiß abspülen, trocknen, ca. 2 TL Schale abreiben. Zitrone halbieren, abgeriebene Hälfte auspressen. Die andere Hälfte in Scheiben schneiden.
2. In einem Topf Butter schmelzen, Senf, Zitronenschale und –saft unterrühren.
3. Die Lachskoteletts abspülen, trockentupfen, beidseitig mit der Zitronenbutter bepinseln. Noch mit Salz und reichlich Pfeffer würzen. Auf einer Grillschale beidseitig je 5-7 Minuten grillen. Mit Zitronenscheiben garniert servieren.

Gemüse-Reis-Auflauf mit Joghurt

Nährwertangaben: Kalorien: 1995 kcal, Kohlenhydrate: 261g, Fett: 54g, Eiweiß: 103g

Zutaten für 4 Portionen:

- 600 ml Gemüsebrühe (selbstgemacht)
- 1 Knoblauchzehe
- 200 g Vollkornreis
- 1 Kohlrabi – ca. 300 g
- 5 Möhren – a' 100 g
- 500 g Brokkoli
- 2 Eier
- Salz und Pfeffer
- Muskatnuss
- 100 g geriebener Gouda
- 1 Bund Schnittlauch
- 200 g Jogurt – 1,5% Fett
- Rosenscharfes Paprikapulver

Zubereitung:

1. 400 ml Brühe in einem Topf zum Kochen bringen, die geschälte Knoblauchzehe durch eine Presse direkt in die Brühe pressen, den Reis dazugeben und 25 Minuten bei kleiner Hitze garen.
2. Inzwischen Kohlrabi und Möhren waschen und schälen. Die Kohlrabi achteln, dann Möhren und Kohlrabi in ca. 5 mm dicke Scheiben schneiden. Brokkoli putzen, in Röschen teilen, die Stiele schälen, auch in Scheiben schneiden.
3. In einem zweiten Topf die übrige Brühe aufkochen, darin Möhren und Kohlrabi garen, dann den Brokkoli dazugeben und noch 4-5 Minuten garen. Dann das Gemüse in ein Sieb gießen, abtropfen lassen, die Brühe auffangen.
4. In eine flache Auflaufform den Reis geben, das Gemüse darauf gleichmäßig verteilen. Zur aufgefangenen Brühe die Eier schlagen, verquirlen, pfeffern und salzen und nach Geschmack Muskat dazureiben. Die Flüssigkeit über das Gemüse gießen, mit dem Käse bestreuen. Im Backofen bei 200°C 35 Minuten überbacken.
5. Inzwischen den Schnittlauch abspülen, trockenschleudern, in feine Röllchen schneiden. Joghurt mit Paprikapulver, Sanz und dem Schnittlauch vermischen und mit dem Auflauf servieren.

Griechische Gemüsepfanne mit Gurkenjoghurt

Nährwertangaben: Kalorien: 750 kcal, Kohlenhydrate: 70 g, Fett: 36 g, Eiweiß: 31g

Zutaten für 2 Portionen:

- ½ Salatgurke – ca. 250 g
- Salz
- 1 Knoblauchzehe
- ½ Zitrone
- 150 g Joghurt – 0,3% Fett
- 2 EL Olivenöl
- Chiliflocken
- Pfeffer
- 2 grüne Zucchini – ca. 500 g
- 1 gelbe Paprika – ca. 200 g
- 1 rote Paprika – ca. 200 g
- 2 Möhren – ca. 200 g
- 1 Zwiebel
- 250 g Chinakohl
- 1 EL glutamatfreies Gyrosgewürz

Zubereitung:

1. Gurke waschen, schälen, der Länge nach halbieren, die Kerne entfernen, dann die Gurke grob raspeln. Gurkenraspel in einem Sieb mit etwas salz mischen, ¼ Stunde abtropfen lassen.
2. Inzwischen den Knoblauch schälen, fein hacken. Zitrone auspressen. Knoblauch, Joghurt, 1 EL Olivenöl, 1 EL Zitronensaft und wenige Chiliflocken verrühren. Die Gurkenraspel unterheben, alles salzen und pfeffern.
3. Zucchini waschen, trocknen und dritteln. Die Paprika vierteln, entkernen und waschen. Möhren waschen und schälen. Zwiebel schälen. Dann alles in feine Streifen schneiden. Nun Chinakohl waschen, in Streifen schneiden.
4. In einem Wok oder einer Pfanne das restliche Öl erhitzen, darin zunächst Paprika und Möhren 2-3 Minuten anbraten, Kohl und Zucchini dazugeben und unter Rühren weitere 1-2 Minuten braten.

5. Die Zwiebel hinzufügen und nochmal 1 Minute braten. Mit dem Gyrosgewürz betreuen, kurz anbraten mit dem übrigen Zitronensaft ablöschen. Mit Pfeffer und Salz würzen, dann mit dem Gurkenjoghurt servieren.

Kartoffel-Quark-Pizza

Nährwertangaben: Kalorien: 2781 kcal, Kohlenhydrate: 308g, Fett: 128g, Eiweiß: 80 g

Zutaten für 4 Stück:

- 180 g Magerquark
- 100 ml Milch – 1,5% Fett
- 8 EL Olivenöl
- Salz und Pfeffer
- 300 g Weizen-Vollkornmehl
- 3 TL Backpulver
- 5 festkochende Kartoffeln – ca. 450 g
- 1 Zwiebel
- ½ Bund Salbei – ca. 16 Blätter

Zubereitung:

1. In einer Schüssel Quark, Milch, 4 EL Öl und ½ TL Salz verrühren. Mehl und Backpulver mischen, zur Quarkmischung geben und zu einem glatten Teig kneten.
2. Kartoffeln schälen, waschen, in sehr dünne Scheiben schneiden. Zwiebeln schälen, in dünne Scheiben hobeln. Salbei waschen, trocknen, Blättchen zupfen und grob hacken.
3. In einer weiteren Schüssel Kartoffeln, Zwiebeln, Salbei und übriges Öl mischen und würzen.
4. Auf einer bemehlten Fläche den Teig vierteln und jeweils zu einer Pizza von etwa 23 cm Ø ausrollen. Zwei Bögen Backpapier auf Größe eines Backblechs zuschneiden, auf jeden Bogen 2 Pizzen legen und aufs Blech ziehen.
5. Backofen auf 225°C vorheizen. Auf 2 Pizzen nun die Hälfte der Kartoffelmischung verteilen und auf unterster Schiene 15-20 Minuten backen. Danach vom Blech ziehen, die übrigen 2 Pizzen genauso belegen und backen.

Rucola-Pfannkuchentorte

Nährwertangaben: Kalorien: 1767 kcal, Kohlenhydrate: 136g, Fett: 94g, Eiweiß: 82g

Zutaten für 4 Portionen:

- 125 g Dinkelmehl Type 630
- 250 ml Milch – 1,5% Fett
- 5 EL kohlensäurehaltiges Mineralwasser
- 3 Eier
- Salz
- 125 g Rucola
- 600 g Tomaten
- 1 Stück Parmesan – 50 g
- 250 g Ricotta
- 6 TL Rapsöl
- Pfeffer

Zubereitung:

1. Aus Mehl, 200 ml Milch, Mineralwasser, Eiern und 1 TL Salz einen glatten flüssigen Teig rühren, 15 Minuten ruhen lassen.
2. Inzwischen Rucola waschen, trocknen, verlesen, in feine Streifen schneiden. Tomaten waschen, Stielansätze entfernen, in Scheiben schneiden. Den Parmesan in eine Schüssel reiben, mit der übrigen Milch und Ricotta verrühren.
3. In eine beschichteten Pfanne 1 TL Öl erhitzen, 1 kleine Kelle vom Pfannkuchenteig geben und gleichmäßig verteilen. Etwa 1/6 der Rucolablätter auf dem teig verteilen. Jeweils 1 Minuten von jeder Seite backen. Mit dem restlichen Teig nacheinander weitere 5 Pfannkuchen backen.
4. Die fertigen Pfannkuchen abwechselnd mit Tomaten und Ricottamasse auf einem Teller übereinander schichten, jede Schicht leicht mit Salz und Pfeffer würzen. Die oberste Schicht Tomaten etwas üppiger mit der Masse bestreichen.
5. Im auf 175°C vorgeheizten Backofen die Pfannkuchentorte 20-25 Minuten backen. Dann den Grill zuschalten, 2-3 Minuten bei 250°C bräunen.

Spaghetti mit rotem Pesto

Nährwertangaben: Kalorien: 1689 kcal, Kohlenhydrate: 267g, Fett: 39g, Eiweiß: 58g

Zutaten für 4 Portionen:

- 6 getrocknete Tomaten – ca. 30 g
- 1 EL rote Linsen – ca. 15 g
- 1 EL ungeschälte Mandelkerne
- 350 g Spaghetti
- Salz
- 1 Knoblauchzehe
- 1 Stück Parmesan – 20 g
- 3 Stiele Basilikum
- 1 EL Tomatenmark
- 2 EL Olivenöl
- Cayennepfeffer

Zubereitung:

1. Die Tomaten in sehr kleine Stücke schneiden, zusammen mit den Linsen in ca. 120 ml Wasser zugedeckt aufkochen, 10 Minuten bei kleiner Hitze quellen lassen.

2. Inzwischen Mandeln hacken, in einer Pfanne bei mittlerer Hitze rösten. Danach auf einem Teller abkühlen lassen.

3. Spaghetti in reichlich Salzwasser bissfest garen. Knoblauch schälen, grob hacken. Parmesan sehr fein reiben.

4. Basilikum waschen, trocknen, dann die Blätter abzupfen, einige zur Seite legen für die Garnitur. Die übrigen Blätter grob hacken.

5. Tomaten, Linsen, Tomatenmark, Knoblauch, Olivenöl und Mandeln mit einem Mixer pürieren. Basilikum dazugeben, nochmal pürieren. Den Käse unterrühren und alles mit Salz und Cayennepfeffer abschmecken.

6. Nudeln abgießen, abtropfen lassen, das Kochwasser auffangen. Davon 6-8 EL unter das Pesto rühren. Nun die Spaghetti mit dem Pesto mischen, mit Basilikum garnieren und servieren.

Bunte Gemüsepfanne

Nährwertangaben: Kalorien: 605 kcal, Kohlenhydrate: 36g, Fett: 40g, Eiweiß: 20g

Zutaten für 2 Portionen:

- 100 g Möhren
- 200 g frische Champignons
- 2 rote Paprika
- 1 große Zwiebel
- 2 Knoblauchzehen
- 2-3 TL Rapsöl
- 200 g grüne TK-Bohnen
- Petersilie
- 250 ml Gemüsebrühe
- 100 g Schmand

Zubereitung:

1. Möhren, Pilze und Paprika putzen und in Stücke schneiden. Zwiebel und Knoblauchzehen schälen und sehr fein hacken. Die Petersilie waschen und hacken.
2. In einer Pfanne das Öl erhitzen und Möhren, Zwiebel und Knoblauch anschwitzen. Die Champignons und Paprika dazugeben und etwa 10 Minuten dünsten.
3. Die Bohnen und Petersilie kurz vor dem Ende der Garzeit in der Pfanne mit garen. Mit der Brühe ablöschen und dem Schmand sämig rühren.
4. Zum Schluss noch einmal abschmecken und servieren.

Gemüsepfanne mit Putenbrust

Nährwertangaben: Kalorien: 490 kcal, Kohlenhydrate: 31g, Fett: 21g, Eiweiß: 40g

Zutaten für 1 Portion:

- 1 Stange Porree
- 1 Karotte
- Je 1 kleine rote und gelbe Paprika
- 1 Zucchini
- 1 TL Thymian
- 2 EL Weinessig
- Meersalz
- Schwarzer Pfeffer aus der Mühle
- 120 g geräucherter Putenbrust-Aufschnitt
- 2 EL Rapsöl

Zubereitung:

1. Das Gemüse putzen, waschen und ggf. schälen. Hellgrüne und weiße Teile des Porrees in dünne Ringe schneiden. Die Karotte in Streifen raspeln. Die Paprika in Stücke schneiden. Die Zucchini in Streifen schneiden. Die Putenbrustscheiben halbieren.
2. In einer Pfanne das Öl erhitzen und den Thymian andünsten. Das Gemüse und etwa 2 EL Wasser zugeben und etwa 5-7 Minuten dünsten. Mit Essig ablöschen und salzen und pfeffern.
3. Die Pfanne vom Herd nehmen und die Putenbrust unter das Gemüse mischen. Sofort servieren!

Lachs mit Karotten-Fenchelgemüse

Nährwertangaben: Kalorien: 1067 kcal, Kohlenhydrate: 20g, Fett: 68g, Eiweiß: 85g

Zutaten für 2 Portionen:

- 3 mittelgroße Karotten
- ½ Fenchelknolle
- 1 Knoblauchzehe
- 1 kleine Zwiebel
- 1 EL Olivenöl
- 1 EL Rapsöl
- 350 g Lachsfilet
- Pfeffer und Salz
- 1 EL saure Sahne
- 1 EL gehackter Dill

Zubereitung:

1. Den Backofen auf 180°C vorheizen.
2. Karotten und Fenchel putzen und in dünne Scheiben schneiden. Die Knoblauchzehe zerdrücken. Die Zwiebel schälen und in Streifen schneiden. Den Fisch in zwei Steaks teilen und etwas salzen und pfeffern.
3. Den Fisch im Ofen ohne Fett etwa 10-12 Minuten leicht braun garen.
4. Inzwischen das Gemüse mit etwas Wasser und den Ölen etwa 10-12 Minuten bissfest garen. Die Sahne und den Dill dazugeben und alles abschmecken.
5. Das Gemüse auf Teller verteilen und den Fisch darauf anrichten.

Seelachsfilet mit Knusperhaube

Nährwertangaben: Kalorien: 517 kcal, Kohlenhydrate: 23g, Fett: 33g, Eiweiß: 27g

Zutaten für 1 Portion:

- 150 g Seelachsfilet
- Pfeffer, Salz
- 3 getrocknete Tomaten in Öl
- 4 Oliven
- ¼ Zucchini
- 1 Scheibe Knäckebrot
- Getrockneter Thymian
- 2 EL Olivenöl

Zubereitung:

1. Backofen auf 160°C Umluft vorheizen.
2. Den Fisch abspülen und rundherum würzen. Dann in eine ofenfeste Form legen.
3. Die Tomaten und Oliven klein schneiden. Zucchini waschen und klein würfeln.
4. Aus dem Knäckebrot ein Paniermehl bröseln und mit Thymian, Öl, Salz und Pfeffer vermengen. Das Gemüse dazugeben und mischen. Die Masse auf das Fischfilet geben und einige Tropfen Öl darüber träufeln.
5. Im Ofen jetzt etwa 20-30 Minuten backen – fertig ist das Schlemmerfilet.

Überbackene Hühnerbrust

Nährwertangaben: Kalorien: 1123 kcal, Kohlenhydrate: 4g, Fett: 54g, Eiweiß: 147g

Zutaten für 4 Portionen:

- 450 g TK-Blattspinat
- 4 Hähnchenbrustfilets a' 150 g
- Pfeffer und Salz
- 2 TL Rapsöl
- 1 Zwiebel
- Muskatnuss
- 120 g Schafskäse

Zubereitung:

1. Den Spinat in einem Sieb auftauen lassen. Backofen auf 220°C vorheizen.
2. Das Fleisch waschen, trockentupfen und rundherum gut würzen. Die Zwiebel schälen und fein würfeln.
3. In einer Pfanne 1 TL Rapsöl erhitzen und das Fleisch beidseitig kurz anbraten. Das Fleisch dann in eine Auflaufform legen.
4. Das übrige Rapsöl erhitzen und die Zwiebeln andünsten. Den Spinat dazugeben und vorgaren. Mit Pfeffer, Salz und Muskat würzen und den Spinat dann über dem Fleisch verteilen.
5. Den Schafskäse fein würfeln und über den Spinat streuen.
6. Auf mittlerer Schiene etwa 25-30 Minuten überbacken.

Gemüse-Kartoffel-Puffer

Nährwertangaben: Kalorien: 2224 kcal, Kohlenhydrate: 238g, Fett: 102g, Eiweiß: 71g

Zutaten für 4 Portionen:

- 4 Möhren
- 2 Zucchini
- 2 Zwiebeln
- 650 g Kartoffeln
- 2 TL Meersalz
- 2 Prisen schwarzer Pfeffer
- 100 g Hirsemehl
- 4 Eier
- 8 EL Olivenöl
- 400 g griechischer Joghurt

Zubereitung:

1. Das Gemüse und die Kartoffeln schälen und reiben. Dann alles mit Salz, Pfeffer, Hirsemehl und den Eier vermengen. Ist die Masse zu nass, noch etwas Hirsemehl untermischen.
2. In einer Pfanne etwas Öl erhitzen und portionsweise den Teig einfüllen und dünn verstreichen. Die Puffer beidseitig goldbraun ausbacken.
3. Die Gemüsepuffer mit dem Joghurt servieren.

Pfannkuchen mit Kräutern

Nährwertangaben: Kalorien: 2381 kcal, Kohlenhydrate: 268g, Fett: 90g, Eiweiß: 100g

Zutaten für 4 Portionen:

- 250 g Dinkelmehl – Type 630
- 3 Bio-Eier
- 1 TL Meersalz
- 350 ml Bio-Milch
- 1 rote Zwiebel
- 3 g frischer Dill
- 5 g frisches Basilikum
- 5 g frische Petersilie
- 5 EL Rapsöl

Zubereitung:

1. Aus Mehl, Eiern, Salz und Milch einen dünnen Teig rühren und diesen etwa 20-30 Minuten ruhen lassen.
2. Inzwischen die Zwiebel schälen und sehr fein hacken. Die Kräuter waschen, Blätter abzupfen und fein hacken. Beides unter den Teig rühren.
3. In einer Pfanne das Öl erhitzen und den Teig einfüllen. Den Teig beidseitig hellbraun braten. Dann herausnehmen und warm stellen. Mit dem übrigen Teig genauso verfahren.

Putengyros mit Reis

Nährwertangaben: Kalorien: 771 kcal, Kohlenhydrate: 63g, Fett: 25g, Eiweiß: 65g

Zutaten für 2 Portionen:

- 1 Zwiebel
- 1 Zucchini
- 3 Karotten
- 150 g Basmatireis
- 350 ml Wasser
- Meersalz
- 250 g Putenbrustfilet
- 3 EL Olivenöl
- 3 EL Naturjoghurt

Zubereitung:

1. Die Zwiebel schälen und fein würfeln. Zucchini und Karotten schälen und in feine Streifen schneiden.
2. In einem Topf die Hälfte der Zwiebeln in Öl kurz anschwitzen, den Reis dazugeben und mit 200 ml Wasser angießen. Alles aufkochen, etwas Salz hineinstreuen und abgedeckt etwa 15 Minuten kochen.
3. Das Fleisch waschen, trockentupfen und in Streifen schneiden.
4. In einer Pfanne mit etwas Olivenöl die Zwiebeln und Karotten anrösten. Die Zucchini zugeben und bei mittlerer Hitze etwa 5 Minuten unter Rühren dünsten. Danach das Gemüse auf einen Teller füllen.
5. Das übrige Olivenöl in der Pfanne erhitzen und das Fleisch anbraten, dabei mit Salz würzen. Das restliche Wasser dazugießen, kurz aufkochen und dann das Gemüse in die Pfanne geben. Alles gut umrühren und den Joghurt einrühren.
6. Das Geschnetzelte mit dem Reis servieren.

Gyros

Zubereitungszeit: 10 Minuten

Kochzeit 10

Nährwertangaben: Kalorien: 1892 kcal, Kohlenhydrate: 44 g, Fett: 132 g, Eiweiß: 119 g

Zutaten für 4 Portionen:

- 4 Schweine Schnitzel
- 4 Knoblauchzehen
- 3 Zwiebeln
- 2 EL Zitronensaft
- 2 TL Thymian
- 2 TL Oregano
- 2 TL Paprikapulver, geräuchert
- 1 TL Kreuzkümmel
- 1 TL Senf
- 6 EL Olivenöl

Zubereitung:

1. Den Knoblauch und die Zwiebeln schälen. Den Knoblauch fein schneiden und die Zwiebeln halbieren und in Streifen schneiden. Die Schnitzel in Streifen schneiden.
2. Alle Zutaten inklusive der Gewürze in einen Gefrierbeutel geben und gut durchmischen. Anschließend den Beutel in den Kühlschrank zum marinieren legen und über Nacht ziehen lassen.
3. Olivenöl in einer Pfanne erhitzen und das Gyros knusprig braten. Gegebenenfalls noch mit Salz und Pfeffer abschmecken.

Kartoffel Zucchini Auflauf

Zubereitungszeit: 20 Minuten

Kochzeit 25

Nährwertangaben: Kalorien: 1271 kcal, Kohlenhydrate: 119 g, Fett: 56 g, Eiweiß: 64 g

Zutaten für 4 Portionen:

- 6 Kartoffeln
- 1 Zucchini
- 1 Zwiebel
- 1 Knoblauchzehe
- 1 Glas getrocknete Tomaten in Öl
- 1 Pck. Schafskäse
- Rosmarin, frisch

Zubereitung:

1. Die Kartoffeln in dicke, Zucchini und Zwiebeln in dünnere Scheiben schneiden. Getrocknete Tomaten über einer Auflaufform etwas abtropfen und klein schneiden.
2. Den Ofen auf 200°C vorheizen.
3. Kartoffeln, Zwiebelringe und Zucchini abwechselnd in einer Reihe in der Auflaufform anrichten, dabei sollten die Zucchini am besten vorher kurz durchs abgetropfte Öl gezogen werden. Den Knoblauch fein hacken und mit den getrockneten Tomaten und dem Rosmarin darüber geben. Mit Salz und Pfeffer würzen.
4. Den Schafskäse darüber bröseln und mit Olivenöl beträufeln. Nun die Form in den vorgeheizten Ofen geben, bzw. der Käse gut gebräunt ist. (ca. 20-25 Minuten)

Kartoffeln Lorraine

Zubereitungszeit: 10 Minuten

Nährwertangaben: Kalorien: 2921 kcal, Kohlenhydrate: 119 g, Fett: 208 g, Eiweiß: 121 g

Zutaten für 4 Portionen:

- 8 große Kartoffeln
- 200 g Speck, gewürfelt
- 3 Frühlingszwiebeln
- 1 TL Kräuter der Provence
- 200 g Creme Fraiche
- 250 g Gouda, gerieben
- 2 EL Olivenöl

Zubereitung:

1. Kartoffeln für ca. 15 min kochen.
2. Das Olivenöl in einer Pfanne erhitzen. Frühlingszwiebeln in dünne ringe schneiden und zusammen mit dem Speck pfeffern und in die Pfanne geben.
3. Den Backofen auf 200 Grad vorheizen.
4. Den Pfanneninhalt in eine Schüssel geben und mit der Creme Fraiche, Kräutern der Provence und 125 g Gouda mischen.
5. Die fertigen Kartoffeln längs halbieren und abkühlen lassen. Mit einem Teelöffel die Kartoffelhälften etwas aushöhlen um die Füllung hinein zu geben. Backpapier auf ein Backblech legen und darauf die Kartoffelhälften stabil platzieren. Den restlichen Gouda darüber verteilen.
6. Das Blech in die mittlere Schiene stellen und 10 - 15 min goldbraun überbacken.

Knoblauchgratin

Zubereitungszeit: 20 Minuten

Kochzeit 30

Nährwertangaben: Kalorien: 2315 kcal, Kohlenhydrate: 231 g, Fett: 101 g, Eiweiß: 104 g

Zutaten für 4 Portionen:

- 250 g Bandnudeln
- 10 Knoblauchzehen
- 1 Zwiebel
- 200 ml Creme Fraiche
- ½ Tasse Brühe
- 1 Zucchini
- 150 g Champignons
- 100 g Gouda, gerieben

Zubereitung:

1. Knoblauch und Zwiebel klein hacken und in ein wenig Olivenöl anschwitzen. Champignons und Zucchini in Streifen schneiden dazu geben und alles weiter anbraten. Salzen, pfeffern und mit Brühe und Creme Fraiche ablöschen.
2. Die Bandnudeln in einen Topf mit Salzwasser bissfest kochen.
3. Alles mischen und in eine Auflaufform geben.
4. Den Gouda drüber streuen und bei 180°C ca 30 Minuten in den Backofen geben.

Knoblauchkartoffeln

Zubereitungszeit: 10 Minuten

Backzeit 60

Nährwertangaben: Kalorien: 917 kcal, Kohlenhydrate: 114 g, Fett: 42 g, Eiweiß: 14 g

Zutaten für 4 Portionen:

- 600 g Kartoffeln
- 100 ml Zitronensaft, frisch
- 50 ml Olivenöl
- 4 Knoblauchzehen
- 1 TL Chili

Zubereitung:

1. Ofen auf 200°C vorheizen.
2. Die Kartoffeln kochen und schälen, vierteln und mit Zitronensaft, Olivenöl, gepresstem Knoblauch und Chili gut vermengen.
3. Auf ein Blech mit Backpapier oder in eine Auflaufform geben und in den Ofen geben bis sie goldbraun sind. (ca. 1 Stunde)

Mediterranes Kartoffelpüree

Zubereitungszeit: 10 Minuten

Kochzeit: 30

Nährwertangaben: Kalorien: 1463 kcal, Kohlenhydrate: 212 g, Fett: 39 g, Eiweiß: 58 g

Zutaten für 4 Portionen:

- 1 kg Kartoffeln
- 2 Zwiebeln
- 2 Knoblauchzehen
- 1 Bund Basilikum
- 100 g Tomaten, getrocknet in Öl
- 80 g Pinienkerne
- 1 EL Zitronensaft

Zubereitung:

1. Pinienkerne ohne Fett in einer Pfanne leicht rösten, herausnehmen und an die Seite stellen.
2. Die Kartoffeln schälen und in Salzwasser kochen und anschließend abgießen.
3. Einen TL Öl in die Pfanne geben und die fein geschnittenen Schalotten und den Knoblauchzehen darin dünsten.
4. Basilikumblätter und getrocknete Tomaten in feine Streifen schneiden. Das Öl der getrockneten Tomaten, Zitronensaft, Salz und Pfeffer zu den gekochten Kartoffeln geben und alles zu Püree stampfen.
5. Die Pinienkerne, Schalotten und Knoblauch zum Püree geben.

Mediterranes Ofengemüse

Zubereitungszeit: 30 Minuten

Kochzeit 30

Nährwertangaben: Kalorien: 1491 kcal, Kohlenhydrate: 142 g, Fett: 78 g, Eiweiß: 45 g

Zutaten für 4 Portionen:

- 500 g Kartoffeln
- 500 g Paprika, rot
- 200 g Champignons
- 200 g Kirschtomaten
- 2 Knoblauchzehen
- 1 Zwiebel
- 100 g Fetakäse
- 4 EL Olivenöl
- Salz, Pfeffer,Oregano, Rosmarin, Thymian

Zubereitung:

1. Den Ofen auf 200 °C vorheizen.
2. In einer Pfanne das Olivenöl erhitzen. Kartoffeln waschen, schälen und halbieren und kurz in die Pfanne geben. Die Paprika in Hälften schneiden und ebenfalls kurz dazugeben. Dann mit den Kräutern mischen und in eine ofenfeste Form geben.
3. Tomaten vierteln, Champignons halbieren und Feta würfeln. Zwiebel in Ringe schneiden und Knoblauch schälen. Alle Zutaten in die ofenfeste Form geben und umrühren. Mit Meersalz, Pfeffer, Kümmel und scharfem Paprikapulver würzen.
4. Die Form für ca. 30 Minuten in den Ofen geben, dabei ab und zu durchmischen.

Nudeln in Thunfisch-Tomaten-Käse Sauce

Zubereitungszeit: 10 Minuten

Kochzeit 20

Nährwertangaben: Kalorien: 1058 kcal, Kohlenhydrate: 27 g, Fett: 78 g, Eiweiß: 53 g

Zutaten für 2 Portionen:

- 2 Dosen Thunfisch in Öl
- 1 Zwiebel
- 2 Knoblauchzehen
- 5 EL Schmelzkäse
- 1 Dose Pizzatomaten
- 2 EL Tomatenmark
- Basilikum, frisch
- 200 g Pasta
- Oregano
- Olivenöl

Zubereitung:

1. Die Pasta mit Salzwasser in einen Topf geben und bissfest kochen.
2. Zwiebeln und Knoblauch schneiden und mit Öl in einer Pfanne dünsten, Tomatenmark mit einrühren und kurz mitrösten, die Pizzatomaten ebenfalls hinzugeben und etwas köcheln lassen.
3. Den Thunfisch, Schmelzkäse, und Basilikum in die Sauce geben und rühren, anschließend mit schwarzem Pfeffer, Salz und Oregano abschmecken.
4. Die Pasta mit der Sauce vermengen und servieren.

Nudelsalat mit Pesto

Zubereitungszeit: 15 Minuten

Kochzeit: 10

Nährwertangaben: Kalorien: 1313 kcal, Kohlenhydrate: 140 g, Fett: 55 g, Eiweiß: 55 g

Zutaten für 2 Portionen:

- 500 g Nudeln (Fusilli, Makkaroni)
- 250 g Kirschtomaten
- 1 Glas Pesto Rosso
- 1 Glas getrockneten Tomaten
- 1 Bund Rucola
- 50 g Pinienkerne
- 1 TL Senf
- 1 TL Honig
- 2 EL Essig
- Salz, Pfeffer

Zubereitung:

1. Die Nudeln in einem Topf mit Salzwasser bissfest kochen und erkalten lassen.
2. Tomaten aus dem Öl nehmen und zusammen mit dem Rucola schneiden
3. Aus dem Öl der getrockneten Tomaten, Pesto, Senf, Honig und Essig ein Dressing rühren.
4. Die Pinienkerne in einer Pfanne ohne Fett rösten.
5. Alles zu einem Salat vermischen.

Paprikagemüse mit Grillkäse

Zubereitungszeit: 20 Minuten

Kochzeit 10

Nährwertangaben: Kalorien: 966 kcal, Kohlenhydrate: 41 g, Fett: 58 g, Eiweiß: 62 g

Zutaten für 2 Portionen:

- 2 Scheiben Provolone
- Olivenöl
- 1 Zwiebeln
- 1 Knoblauchzehe
- 1 Paprika, rot
- 1 Paprika, gelb
- 1 Paprika, orange
- 2 TL Thymian, frisch
- 2 TL Oregano, frisch

Zubereitung:

1. Zwiebeln und Knoblauch hacken, Paprika in Streifen schneiden. Olivenöl in einem Topf erhitzen die Zwiebel darin andünsten. Nun auch die Paprika und das Knoblauch dazu geben und miteinander vermengen. Alles sollte mit Olivenöl bedeckt sein. Mit Thymian, Oregano, Salz und Pfeffer würzen.
2. Den Grillkäse gleichmäßig in einer Pfanne mit Olivenöl anbraten und mit Thymian und Rosmarin bestreuen.
3. Beides zusammen anrichten und genießen.

Risotto a la milanese

Zubereitungszeit: 30 Minuten

Backzeit 60

Nährwertangaben: Kalorien: 3619 kcal, Kohlenhydrate: 251 g, Fett: 316 g, Eiweiß: 132 g

Zutaten für 4 Portionen:

- 300 g Risottoreis
- 1 Zwiebel, klein gewürfelt
- 1 ½ l Hühnerbrühe
- 50 g Butter
- 100 ml Weißwein
- 10 Safranfäden
- 100 g Parmesan, gerieben

Zubereitung:

1 Butter in der Pfanne erhitzten und die Zwiebel darin anschwitzen.

2 Den Reis dazu geben verrühren und schwenken. Die Temperatur durchgehend leicht anheben und den Wein hinzugeben bis er verdampft. Dann den Safran dazu geben.

3 Nun Stück für Stück die Brühe hinzufügen, so das sie ebenfalls komplett mit verkocht. Ab ungefähr 15. Minute darauf achten nicht mehr zu viel Brühe anzugießen, damit der Reis nicht zu flüssig wird

4 Den Reis für 1 Minute ruhen lassen und kalte Butterwürfel, Parmesan, Salz und Pfeffer hinzugeben.

Rosmarinkartoffeln al horno

Zubereitungszeit: 10 Minuten

Kochzeit: 25

Nährwertangaben: Kalorien: 1152 kcal, Kohlenhydrate: 138 g, Fett: 56 g, Eiweiß: 17 g

Zutaten für 4 Portionen:

- 800g Kartoffeln
- 4 EL Olivenöl
- 2 EL Rosmarin
- 1 TL geräuchertes Paprikapulver
- 1 Knoblauchzehen, gepresst
- Salz

Zubereitung:

1. Die Kartoffeln nicht schälen, waschen und in vier Teile schneiden. Gehackte Rosmarinnadeln in einer Schüssel mit den Kartoffeln vermengen. Dann Öl, Paprikapulver und gepresstem Knoblauch mit hineingeben und mischen.
2. Ofen bei 200°C Ober-/Unterhitze vorheizen
3. Ein Backblech mit Backpapier auslegen und die Kartoffeln darauf verteilen. Für ca. 25 Minuten in den Ofen geben und zwischendurch wenden.
4. Schlussendlich die Kartoffeln noch in einer Schüssel salzen.

Rosmarintomaten im Glas

Zubereitungszeit: 20 Minuten

Kochzeit: 1:15 Std

Nährwertangaben: Kalorien: 1457 kcal, Kohlenhydrate: 121 g, Fett: 89 g, Eiweiß: 32 g

Zutaten für 10 Portionen:

- 3 kg Kirschtomaten
- 2 TL Salz
- 1 EL Zucker
- 100 ml Olivenöl
- 100 ml Balsamico Essig
- 4 Zweige Rosmarin
- 4 Knoblauchzehen
- 1 Chilischote, getrocknet

Zubereitung:

1. Backofen auf 160° C vorheizen.
2. Die Tomaten waschen, halbieren und in eine Auflaufform geben mit Salz, Pfeffer, Zucker, Öl, Essig, Knoblauch, Chili und den Rosmarinnadeln mischen.
3. Alles in den Ofen bei Umluft geben und für 75 Min. schmoren lassen.
4. Gläser heiß ausspülen, füllen und sofort verschließen.

Haltbarkeit beträgt ungefähr 3 Monate

Schmeckt gut als Brotbelag wie Bruschetta, als Beilage zu Gegrilltem

oder im Nudelsalat. Auch lecker mit Pasta.

Sizilianische Spaghetti

Zubereitungszeit: 10 Minuten

Kochzeit 30

Nährwertangaben: Kalorien: 3762 kcal, Kohlenhydrate: 396 g, Fett: 103 g, Eiweiß: 289 g

Zutaten für 6 Portionen:

- 500 g Spaghetti
- 1 kg Hackfleisch
- 2 Zwiebel
- 2 Knoblauchzehen
- 1 Zucchini
- 1 Aubergine
- 2 Dosen geschälte Tomaten
- 2 Lorbeerblätter
- 1 EL Oregano
- 150 ml Creme Fraiche

Zubereitung:

1 Zwiebeln und Knoblauch häuten, in Würfel schneiden und in einer Pfanne in Olivenöl dünsten, bis die anfangen glasig zu werden.

2 Das Hackfleisch mit in die Pfanne geben und weiter anbraten.

3 Die Zucchini und die Aubergine in dünne Scheiben schneiden und ebenfalls mit anbraten. Tomaten, Oregano, Lorbeerblätter, Salz und Pfeffer hinzugeben und für ungefähr 30 Minuten leicht köcheln lassen. Zum verfeinern noch Creme Fraiche einrühren.

4 Die Lorbeerblätter wieder entnehmen.

5 Die Spaghetti in Salzwasser kochen und abtropfen lassen. Zusammen mit der Sauce anrichten.

Spanische Kartoffelspieße

Zubereitungszeit: 20Minuten

Kochzeit: 10

Nährwertangaben: Kalorien: 2109 kcal, Kohlenhydrate: 345 g, Fett: 57 g, Eiweiß: 41 g

Zutaten für 4 Portionen:

- 20 Kartoffeln, klein
- 2 Chorizo
- 2 Zehen Knoblauch
- 4 EL Olivenöl

Zubereitung:

1 Die Kartoffeln für 10 Minuten in Salzwasser kochen, abgießen und halbieren.

2 Chorizo in Scheiben schneiden, den Knoblauch schälen und ins Olivenöl pressen.

3 Die Innenseite der Kartoffeln mit Knoblauchöl bepinseln. eine Scheibe Chorizo zwischen 2 Kartoffelhälften geben und mit einem Spieß aufspießen.

4 Die Spieße auf einen Grill geben, dabei drehen und mit dem restlichen Öl bepinseln. (ca. 10 Minuten)

Süßkartoffel Lauch Gratin

Zubereitungszeit: 20 Minuten

Kochzeit: 30

Nährwertangaben: Kalorien: 1818 kcal, Kohlenhydrate: 133 g, Fett: 48 g, Eiweiß: 116 g

Zutaten für 2 Portionen:

- 2 Süßkartoffeln
- 2 Stangen Lauch
- 200 g Sahne
- 100 g Käse, geriebenen
- 2 Knoblauchzehen
- 3 EL Olivenöl
- 1 EL Kräuter der Provence

Zubereitung:

1 Die Süßkartoffeln schälen und in dünne Scheiben schneiden und den gewaschenen Lauch in dünne Ringe.

2 Olivenöl in einer Pfanne erhitzen und den Knoblauch dünsten, Sahne, Kräuter, Salz und Pfeffer hinzufügen und kurz aufkochen lassen. Bei Seite stellen und abkühlen lassen.

3 Die Süßkartoffeln und Lauchringe in drei Teile aufteilen und in einer eingefetteten Auflaufform abwechselnd aufschichten. Bei der unteren Lage wird mit den Süßkartoffeln begonnen. Zwischen den Schichten wird ebenfalls immer ein Drittel der Sahnesauce gegeben.

4 Den Käse darüber verteilen und bei 180 °C Umluft für ca. 30 Minuten in einem vorgeheizten Backofen überbacken

Thunfischsteak

Zubereitungszeit: 20 Minuten

Kochzeit 30

Nährwertangaben: Kalorien: 2101 kcal, Kohlenhydrate: 40 g, Fett: 146 g, Eiweiß: 140 g

Zutaten für 4 Portionen:

- 4 Thunfischsteaks
- 1 Zwiebel
- 3 Knoblauchzehen
- 1 Grüne Paprikaschote
- 1 Zucchini
- 4 EL Olivenöl
- 1 Dose geschälte Tomaten
- 150 g grüne Oliven, entsteint
- Rosmarin, Thymian, frisch

Zubereitung:

1. Die Thunfischsteaks mit Zitronensaft beträufeln und einziehen lassen.
2. Knoblauch fein hacken und in dünne Ringe schneiden. Paprikaschoten und Zucchini in dünne Streifen und die Oliven in Scheiben schneiden.
3. Das Olivenöl in einer Pfanne erhitzen, die Zwiebelringe, den Knoblauch, die Tomaten, die Paprika, Zucchini sowie die Oliven hineingeben und einige Minuten dünsten lassen. Alles dann mit Rosmarin, Thymian, Paprika, Salz und Pfeffer würzen.
4. In einer weiteren Pfanne wiederum Öl erhitzen und den Tunfisch, der bereits gesalzen sein sollte, von beiden Seiten für 5 Minuten anbraten. Jetzt zusammen mit dem Gemüse anrichten.

Zucchini Nudeln al olio

Zubereitungszeit: 10 Minuten

Kochzeit: 10

Nährwertangaben: Kalorien: 984 kcal, Kohlenhydrate: 16 g, Fett: 85 g, Eiweiß: 31 g

Zutaten für 2 Portionen:

- 3 Zucchini
- 3 Knoblauchzehen
- Olivenöl
- 1 Zitrone
- Parmesan, gerieben

Zubereitung:

1 Die Enden der gewaschenen Zucchini abschneiden. Die Zucchini dann längs mit einem Schäler in dünne, lange Streifen schneiden und zur Seite stellen.

2 Olivenöl in einer Pfanne erhitzen, Knoblauchzehen hineinpressen und andünsten. Die Hitze reduzieren und dann Zucchinistreifen hinzugeben. Zwischendurch wenden und die "Zucchininudeln" ca. 10 Minuten garen.

3 Mit Salz, Pfeffer, ein wenig Zitronensaft und Parmesan anrichten.

Zucchini Puffer

Zubereitungszeit: 20 Minuten

Kochzeit 20

Nährwertangaben: Kalorien: 793 kcal, Kohlenhydrate: 126 g, Fett: 15 g, Eiweiß: 34 g

Zutaten für 4 Portionen:

- 400g Zucchini
- 200 g Kartoffeln
- 200 g Zwiebeln
- 2 Knoblauchzehen
- 4 EL Mehl
- 4 EL Paniermehl
- 2 Eier
- Petersilie

Zubereitung:

1 Zucchini, Kartoffeln und Zwiebeln waschen, schälen und in eine Schüssel grob reiben.

2 Eier, klein gehackte Knoblauchzehen, Petersilie, Paniermehl, Mehl, und Minze dazugeben, mischen und mit Salz und Pfeffer abschmecken.

3 Öl in einer Pfanne erhitzen. Den Teig aufteilen und als Puffer von beiden Seiten goldbraun braten.

Regenbogen Smoothie-Bowl

Zubereitungszeit: 20 Minuten

Nährwertangaben: Kalorien: 250 kcal, Kohlenhydrate: 19 g, Fett: 16 g, Eiweiß: 4 g

Zutaten:

- 50 g Spinat
- 1 Avocado
- 1 reife Mango
- 1 Apfel
- 200 ml Mandelmilch
- 1 Drachenfrucht
- 100g gemischte Beeren (Erdbeeren, Himbeeren, Heidelbeeren)

Zubereitung:

1. Spinat, Avocado, Mango, Apfel und Mandelmilch in einen Mixer geben und glatt verarbeiten.
2. In zwei Bowls verteilen und mit der Drachenfrucht und den Beeren belegen.

Tropische Smoothie-Bowl

Zubereitungszeit: 20 Minuten

Nährwertangaben: Kalorien: 330 kcal, Kohlenhydrate: 41 g, Fett: 15 g, Eiweiß: 4 g

Zutaten:

- 1 kleine reife Mango
- 200 g Ananas
- 2 reife Bananen
- 2 EL Kokosjoghurt
- 150ml Kokosmilch
- 2 Passionsfrüchte, halbiert, entkernt
- Handvoll Heidelbeeren
- 2 EL Kokosflocken
- ein paar Minzblätter

Zubereitung:

1. Mango, Ananas, Bananen, Joghurt und Kokosmilch in einen Mixer geben und glatt verarbeiten.
2. In zwei Bowls gießen und mit Maracuja, Blaubeeren, Kokosflocken und Minzblättern dekorieren.
3. Wird für 1 Tag im Kühlschrank aufbewahrt. Fügen Sie die Beläge kurz vor dem Servieren hinzu.

Kurkuma Smoothie Bowl

Zubereitungszeit: 10 Minuten

Nährwertangaben: Kalorien: 290 kcal, Kohlenhydrate: 40 g, Fett: 10 g, Eiweiß: 7 g

Zutaten:

- 2 TL gemahlene Kurkuma
- 3 EL Kokosmilchjoghurt
- 50 g glutenfreier Hafer
- 1 EL Cashewnuss-Butter
- 2 Bananen
- ½ TL gemahlener Zimt
- 1 EL Chiasamen oder gehackte Nüsse zum Servieren

Zubereitung:

1. Alle Zutaten in einen Mixer mit 600 ml Wasser geben und glattrühren. In einer Schüssel mit Chiasamen oder gehackten Nüssen servieren.

Himbeer -Chia-Pudding Smoothie Bowl

Zubereitungszeit: 10 Minuten

Nährwertangaben: Kalorien: 300 kcal, Kohlenhydrate: 26 g, Fett: 10 g, Eiweiß: 8 g

Zutaten:

- 50 g weiße Chiasamen
- 200ml Kokosmilch
- 1 Nektarine
- 2 EL Goji-Beeren

Für das Himbeerpüree

- 100 g Himbeeren
- 1 TL Zitronensaft
- 2 TL Ahornsirup

Zubereitung:

1. Die Chiasamen und die Kokosmilch auf zwei Schüsseln verteilen und gut umrühren. 5 Minuten einwirken lassen, dabei gelegentlich umrühren, bis die Samen quellen und sich beim Umrühren verdicken.
2. In der Zwischenzeit die Püree-Zutaten in einer kleinen Küchenmaschine oder mit einem Stabmixer mischen. In jede Schüssel einen Löffel schwenken, die Nektarinen- oder Pfirsichscheiben darauf verteilen und mit den Goji-Beeren bestreuen. Fügen Sie die Beläge kurz vor dem Servieren hinzu.

Sonnenschein Smoothie Bowl

Zubereitungszeit: 5 Minuten

Nährwertangaben: Kalorien: 170 kcal, Kohlenhydrate: 30 g, Fett: 4 g, Eiweiß: 3 g

Zutaten:

- 500 ml Karottensaft
- 200 g Ananas
- 2 Bananen
- kleines Stück Ingwer
- 20 g Cashewnüsse
- Saft von einer Limette

Zubereitung:

1. Die Zutaten in einen Mixer geben und glattrühren. Sofort trinken oder in eine Bowl füllen. Wird für einen Tag im Kühlschrank aufbewahrt.

Kiwi Smoothie Bowl

Zubereitungszeit: 5 Minuten

Nährwertangaben: Kalorien: 160 kcal, Kohlenhydrate: 36 g, Fett: 1 g, Eiweiß: 2 g

Zutaten:

- 3 geschälte Kiwis
- 1 Mango
- 500 ml Ananassaft
- 1 Banane

Zubereitung:

1. Alle Zutaten in einen Mixer geben und glattrühren, dann in die Bowl geben.

Frühstück-Shake-Bowl

Zubereitungszeit: 5 Minuten

Nährwertangaben: Kalorien: 390 kcal, Kohlenhydrate: 50 g, Fett: 12 g, Eiweiß: 15g

Zutaten:

- 100 ml Vollmilch
- 2 EL Naturjoghurt
- 1 Banane
- 150g gefrorene Waldfrüchte
- 50 g Heidelbeeren
- 1 EL Chiasamen
- ½ TL Zimt
- 1 EL Goji-Beeren
- 1 TL gemischte Samen
- 1 TL Honig

Zubereitung:

1. Die Zutaten in einen Mixer geben und glattrühren. In ein Glas gießen und genießen!

Erdbeer Smoothie Bowl

Zubereitungszeit: 5 Minuten

Nährwertangaben: Kalorien: 225 kcal, Kohlenhydrate: 16 g, Fett: 13 g, Eiweiß: 8 g

Zutaten:

- 160 g reife Erdbeeren
- 160g Babyspinat
- 1 kleine Avocado
- 150 ml Bio-Joghurt
- 2 kleine Orangen

Zubereitung:

1. Alle Zutaten in einen Mixer geben und glattrühren. Wenn es ein bisschen dick ist, einen Tropfen gekühltes Wasser hinzugeben und mischen. In die Bowl füllen und sofort essen.

Vitamin-Booster-Smoothie

Zubereitungszeit: 5 Minuten

Nährwertangaben: Kalorien: 120 kcal, Kohlenhydrate: 25 g, Fett: 1 g, Eiweiß: 3 g

Zutaten:

- 1 Orange
- 1 große Karotte
- 2 Stangen Sellerie
- 50 g Mango, grob gehackt
- 200 ml Wasser

Zubereitung:

1. Die ganze Orange, Karotte, Sellerie und Mango in den Mixer geben, mit Wasser auffüllen und glattrühren.
2. Dann in die Bowl füllen und servieren.

Müsli-Smoothie Bowl

Zubereitungszeit: 5 Minuten

Nährwertangaben: Kalorien: 290 kcal, Kohlenhydrate: 63 g, Fett: 3 g, Eiweiß: 5 g

Zutaten:

- 1 große Banane
- 75 g gekochte Rote Beete
- 175 g Erdbeeren
- 2 Kiwis
- 1 mittelgroße Mango
- 75 g Heidelbeeren
- 50 g Himbeeren
- 1 Feige
- 60 g Brombeeren
- 20 g Müsli
- 1 Orange
- 60 g Erdbeeren
- 20 g Chiasamen

Zubereitung:

1. Alle Zutaten (außer den Beilagen) in einen Smoothie-Maker oder eine Küchenmaschine geben und auf die gewünschte Konsistenz bringen.
2. In 2 Schüsseln gießen.
3. Mit engen Reihen von Feigen, Brombeeren, Müsli, Orangen, geschnittenen Erdbeeren und Chiasamen garnieren.

Fruchtige-Joghurt-Smoothie-Bowl

Zubereitungszeit: 20 Minuten

Nährwertangaben: Kalorien: 136 kcal, Kohlenhydrate: 25 g, Fett: 1 g, Eiweiß: 7 g

Zutaten:

- 1 kleine Banane, geschält und gehackt
- 450 g Himbeeren
- 400 ml Magermilch
- 200 ml fettarmer Joghurt
- 75 ml Honig

Zubereitung:

1. Alle Zutaten in eine Küchenmaschine geben und glatt rühren. Wenn Sie eine gleichmäßigere Konsistenz wünschen, drücken Sie durch ein Sieb, um alle Himbeersamen zu entfernen.
2. In 2 Schüsseln verteilen. Jeweils mit ein paar ganzen Himbeeren garnieren.

Birnen-, Bananen-, Hafer- und Honigfrühstück-Bowl

Zubereitungszeit: 20 Minuten

Nährwertangaben: Kalorien: 250 kcal, Kohlenhydrate: 50 g, Fett: 2 g, Eiweiß: 5 g

Zutaten:

- 1 reife saftige Birne
- 1 reife Banane
- 30 g Haferbrei
- 1 EL klarer Honig
- 110g fettarmer Naturjoghurt
- 250 ml Apfelsaft
- Handvoll Eiswürfel

Zubereitung:

1. Alle Zutaten in eine Küchenmaschine geben und glattrühren.
2. In die Bowl gekühlt servieren.

Limetten- und Mango-Smoothie-Bowl

Zubereitungszeit: 10 Minuten

Nährwertangaben: Kalorien: 90 kcal, Kohlenhydrate: 14 g, Fett: 2 g, Eiweiß: 3 g

Zutaten:

- 1 reife saftige Birne
- 1 reife Banane
- 30 g Haferbrei
- 1 EL klarer Honig
- 110g fettarmer Naturjoghurt
- 250 ml Apfelsaft
- Handvoll Eiswürfel

Zubereitung:

1. Alle Zutaten in einem Mixer glattrühren.
2. In 2 Schüsseln verteilen und mit einer Limettenscheibe und den frischen Minzzweigen dekorieren, falls verwendet.

Matcha Frühstück-Bowl

Zubereitungszeit: 15 Minuten

Nährwertangaben: Kalorien: 261 kcal, Kohlenhydrate: 27 g, Fett: 11 g, Eiweiß:10 g

Zutaten:

- 300 g natürlicher Joghurt
- 1 EL Matcha-Pulver
- 2 TL Ahornsirup
- 1 Kiwi
- 1 Pfirsich
- 100 g Heidelbeeren
- 20 g Kokosflocken, geröstet

Zubereitung:

1. Joghurt mit Matcha und Ahornsirup mischen und auf zwei Schalen verteilen. Mit der Kiwi, Pfirsich und Heidelbeeren garnieren. Kurz vor dem Servieren die Kokosflocken streuen.

Obst & Nuss Frühstück

Zubereitungszeit: 10 Minuten

Nährwertangaben: Kalorien: 300 kcal, Kohlenhydrate: 35 g, Fett: 11 g, Eiweiß:15 g

Zutaten:

- 6 EL Haferbrei
- 2 Orangen
- 200ml 0% fettiger Joghurt griechischer Art
- 60 g Rosinen, Nüsse, Goji-Beeren und Samen

Zubereitung:

1. Die Haferflocken in eine beschichtete Pfanne mit 400 ml Wasser geben und kochen, dabei gelegentlich 4 Minuten rühren.
2. In der Zwischenzeit die Schale und das Mark von den Orangen abschneiden. Dabei so nah wie möglich an der Stelle abschneiden, an der sich der Stiel befinden würde. Jetzt nur noch die Orangen hacken.
3. Den Brei in Schalen füllen, den Joghurt mit einem Löffel darauf geben und die Orangen und die Mischung aus Früchten, Nüssen und Samen darüber streuen.

Vanille-Mandel –Frühstück-Bowl

Zubereitungszeit: 5 Minuten

Nährwertangaben: Kalorien: 322 kcal, Kohlenhydrate: 32 g, Fett: 14 g, Eiweiß:11 g

Zutaten:

Für den Brei

- 50g Haferbrei
- 200ml ungesüßte Mandelmilch
- ½ TL Vanilleextrakt
- 2 EL fettarmer Naturjoghurt
- 25 g Chiasamen

Für das Topping

- 150g Heidelbeeren
- 25 g Mandel
- klarer Honig, nach Geschmack

Zubereitung:

1. Mischen Sie alle Brei Zutaten in einer Schüssel und lassen Sie für mindestens 20 Minuten einweichen. Sobald der Hafer aufgeweicht ist, die Hälfte der Blaubeeren unterrühren. Wenn der Brei zu trocken ist, etwas Wasser hinzufügen.
2. Die Mischung auf 2 Schalen verteilen und mit den restlichen Beeren, Mandeln und Honig bestreuen.

Pistazien-Gewürzapfel –Müsli Bowl

Zubereitungszeit: 10 Minuten

Nährwertangaben: Kalorien: 230 kcal, Kohlenhydrate: 29 g, Fett: 8 g, Eiweiß: 8 g

Zutaten:

- 50g Haferbrei
- 50 ml Apfelsaft
- große Prise Zimt
- große Prise Muskatnuss
- 1 mittlerer Apfel
- 2 EL fettarmer Naturjoghurt
- 25 g gehackte Pistazien
- 3 EL Granatapfel
- Samen oder gemischte Beeren

Zubereitung:

1. Haferbrei, Apfelsaft, Zimt, Muskatnuss und Apfel mit 150 ml Wasser mischen und nach Möglichkeit mindestens 20 Minuten oder über Nacht einweichen lassen.
2. Sobald der Hafer aufgeweicht ist, den Joghurt unterrühren und die Mischung auf 2 Schüsseln verteilen. Pistazien, Granatapfel und Samen über jede Schüssel streuen und servieren.

Quinoa Brei-Bowl

Zubereitungszeit: 35 Minuten

Nährwertangaben: Kalorien: 450 kcal, Kohlenhydrate: 40 g, Fett: 24 g, Eiweiß:12 g

Zutaten:

Für den Brei

- 175 g Quinoa
- ½ Vanilleschote
- 15 g Kokoscreme
- 4 EL Chiasamen
- 125 g Kokos-Joghurt

Für das Topping

- 125 g Kokos-Joghurt
- 280g gemischte Beeren wie Erdbeeren, Himbeeren und Heidelbeeren
- 2 EL Mandelblättchen (optional)

Zubereitung:

1. Weichen Sie die Quinoa über Nacht in kaltem Wasser ein. Am nächsten Tag die Quinoa abtropfen lassen und durch ein feines Sieb abspülen.
2. Die Quinoa in eine Pfanne geben und Vanille, Kokoscreme und 600 ml Wasser hinzufügen. Decken Sie die Pfanne ab und lassen Sie sie 20 Minuten köcheln. Rühren Sie das Chia mit weiteren 300 ml Wasser ein und kochen Sie es noch 3 Minuten lang. Kokosjoghurt einrühren. Die Hälfte des Breis für einen weiteren Tag in eine Schüssel geben. Wird für 2 Tage im Kühlschrank aufbewahrt. Servieren Sie den restlichen Brei mit Joghurt, Beeren und Mandeln, wenn Sie möchten.
3. Mit Früchten - zum Beispiel Orangenscheiben und Granatapfelkernen – bestreuen.

Erdnussbutter-Hafer Bowl

Zubereitungszeit: 10 Minuten

Nährwertangaben: Kalorien: 850kcal, Kohlenhydrate: 104g, Fett: 41g, Eiweiß: 28 g

Zutaten:

- 3/4 Tasse Milch (Mandel, Kokos oder Soja)
- 1 Esslöffel Erdnussbutter
- 2 Teelöffel Ahornsirup
- Prise Salz
- 3/4 Tasse Haferflocken
- 2 Teelöffel Gelee oder Marmelade
- 1 Esslöffel Erdnüsse (gehackt)

Zubereitung:

1. Milch, Erdnussbutter, Ahornsirup und Salz im Einmachglas oder einem anderen luftdichten Behälter verquirlen.
2. Hafer zu der Milchmischung geben und umrühren, bis alles gut vermischt ist. Stellen Sie sicher, dass Sie die Seiten abkratzen, damit alles eingearbeitet ist. Setzen Sie den Deckel auf den Behälter, wenn Sie fertig sind!
3. Stellen Sie den Behälter für mindestens 5 Stunden in den Kühlschrank und idealerweise über Nacht. Es wird erweicht und ist morgens voll einsatzbereit. Sie können es erwärmen, wenn Sie möchten, aber es schmeckt köstlich kalt.
4. Das Gelee auf den Hafer geben und mit den gehackten Erdnüssen bestreuen!
5. Geben Sie es in die Schüssel und genießen Sie es.

Karottenkuchen Hafer Bowl

Zubereitungszeit: 15 Minuten

Nährwertangaben: Kalorien: 800 kcal, Kohlenhydrate: 109g, Fett: 35g, Eiweiß:24 g

Zutaten:

- 3/4 Tasse Milch nach Wahl (Mandel, Kokos, Soja)
- 3/4 Tasse gewalzter Hafer
- 2 Esslöffel fein zerkleinerte Karotten
- 1 Esslöffel Rosinen
- 1/2 Teelöffel Zimt
- 1 Prise Salz
- 1/2 Teelöffel Vanille
- 2 Teelöffel Ahornsirup
- 1 Esslöffel Kokosraspeln (optional)
- 1 Esslöffel gehackte Walnüsse (optional)

Zubereitung:

1. Geben Sie zuerst Milch, Zimt, Salz, Vanille und Ahornsirup in die Schüssel. Mischen Sie sie zusammen, bis es vollständig kombiniert ist. Fügen Sie dann den Hafer, die zerkleinerten Karotten, die Rosinen sowie die Kokosraspeln und Walnüsse hinzu, wenn Sie sie hinzufügen möchten.
2. Es muss mindestens 5 Stunden im Kühlschrank sitzen, idealerweise über Nacht. Der Hafer sollte weicher sein und den Geschmack der Gewürze absorbiert haben.

Kräutereier mit gebratenen Tomaten

Zubereitungszeit: 10 Minuten

Nährwertangaben: Kalorien: 204 kcal, Kohlenhydrate: 4 g, Fett: 13 g, Eiweiß: 17 g

Zutaten:

- 1 TL Rapsöl
- 3 Tomaten, halbiert
- 4 große Eier
- 1 EL gehackte Petersilie
- 1 EL gehacktes Basilikum

Zubereitung:

1. Erhitzen Sie das Öl in einer kleinen beschichteten Pfanne und kochen Sie die geschnittenen Tomaten so lange, bis sie weich sind. In der Zwischenzeit die Eier mit den Kräutern und reichlich frisch gemahlenem schwarzen Pfeffer in einer kleinen Schüssel verquirlen.
2. Die Tomaten aus der Pfanne nehmen und in eine Schüssel legen. Gießen Sie die Eimischung in die Pfanne und rühren Sie sie vorsichtig mit einem Holzlöffel um. Hören Sie auf zu rühren, wenn es fast gar ist. Mit den Tomaten servieren.

Getreidebrei

Zubereitungszeit: 10 Minuten

Nährwertangaben: Kalorien: 180 kcal, Kohlenhydrate: 32 g, Fett: 2 g, Eiweiß: 7 g

Zutaten:

- 300 g Haferflocken
- 300 g Dinkelflocken
- 300 g Gerstenflocken
- Agavennektar und geschnittene Erdbeeren zum Servieren (optional)

Zubereitung:

1. Haferflocken, Dinkelflocken und Gerste in einer großen, trockenen Pfanne 5 Minuten goldbraun rösten, abkühlen lassen und in einem luftdichten Behälter aufbewahren.
2. Wenn Sie es essen möchten, kombinieren Sie einfach 50 g der Brei-Mischung in einem Topf mit 300 ml Milch oder Wasser. 5 Minuten kochen lassen, gelegentlich umrühren, dann mit etwas Honig und Erdbeeren garnieren, wenn Sie möchten. In einer Schüssel servieren.

Rindfleisch Buddha Bowl

Zubereitungszeit: 15 Minuten

Nährwertangaben: Kalorien: 570 kcal, Kohlenhydrate: 80 g, Fett: 13 g, Eiweiß:32 g

Zutaten:

- 4 Tassen gekochter weißer Reis
- Saft von 1 Limette
- 450g Rindfleisch
- 2 Tassen Kirsch- oder Traubentomaten
- 1 Dose schwarze Bohnen
- 1 Tasse gefrorene Maiskörner
- 1/2 Tasse gehackte grüne Zwiebel
- 1 große Avocado, entkernt und gewürfelt
- 4 Esslöffel gehackte Korianderblätter

Zubereitung:

1. In einer großen Schüssel den warmen Reis und den frischen Limettensaft vermischen. Verteilen Sie es gleichmäßig auf vier Schüsseln.
2. In jede Schüssel Rindfleisch verteilen, 1/2 Tasse Tomaten, 1/4 der Bohnen, 1/4 Tasse Mais, 1/8 Tasse Frühlingszwiebeln und 1/4 der Avocado hineingeben.
3. Jede Schüssel mit einem Esslöffel gehackten Korianderblättern garnieren.

Tahini -Bowl

Zubereitungszeit: 40 Minuten

Nährwertangaben: Kalorien: 1100 kcal, Kohlenhydrate: 220 g, Fett: 20 g, Eiweiß: 27 g

Zutaten:

- 2 Tassen Bohnen
- 2 Tassen brauner Reis
- 4 Tassen Gemüsebrühe
- 1 Bund Grünkohl oder Spinat (oder eine Mischung)
- 2 Frühlingszwiebeln
- 680g Kartoffeln
- 1 Avocado
- Gemüsebrühe
- BBQ Tahini Sauce

Zubereitung:

1. Backofen auf 200 ° C vorheizen. Kartoffeln waschen und in kleine Stücke schneiden. Mit Gemüsebrühe und Salz beträufeln. Auf einem mit Pergament ausgekleideten Backblech 20-25 Minuten knusprig backen.
2. Grünkohl /Spinat waschen und grob hacken. Frühlingszwiebeln waschen und hacken. Alles in einer großen Pfanne mit ein wenig Gemüsebrühe und Salz kochen. Vom Herd nehmen.
3. Reis mit Gemüsebrühe oder Wasser nach Packungsbeilage garen. Kochen Sie die Bohnen gemäß den Anweisungen.
4. Ordnen Sie das Essen, indem Sie alles nebeneinander in eine Schüssel geben. Platzieren Sie ungefähr 1/4 Tasse BBQ Tahini Sauce in der Mitte, Sie können mehr oder weniger Sauce für Ihre Präferenz verwenden.

Mongolische Rindfleisch-Bowl

Zubereitungszeit: 40 Minuten

Nährwertangaben: Kalorien: 324 kcal, Kohlenhydrate: 33 g, Fett: 8 g, Eiweiß: 29 g

Zutaten:

Für die mongolische Soße:

- 2 TL Pflanzenöl
- 1/2 TL gehackter oder geriebener Ingwer
- 3 gehackte oder geriebene Knoblauchzehen
- 1/3 TL rote Paprika-Flocken
- 1/2 Tasse natriumarme Sojasauce
- 1/2 Tasse + 2 EL Kokosnusszucker
- 2 TL Maisstärke
- 2 EL kaltes Wasser

Für das Fleischgericht:

- 1 und 1/2 EL Pflanzenöl
- 500 Rindfleisch

Zubereitung:

1. Das Pflanzenöl in einem kleinen Topf bei mittlerer Hitze erhitzen. Fügen Sie den Ingwer und den Knoblauch hinzu; ständig rühren. Nach 30 Sekunden Paprikaflocken hinzufügen und weitere 30-60 Sekunden kochen.
2. Sojasauce und Kokosnusszucker dazugeben und gut umrühren. Reduzieren Sie die Hitze auf mittel-niedrig und lassen Sie es köcheln, bis sich der Kokosnusszucker aufgelöst und leicht reduziert hat.
3. Maisstärke und kaltes Wasser verquirlen, in die Pfanne geben und umrühren. Weitere 2-3 Minuten kochen lassen, bis die Sauce glänzend und leicht eingedickt ist. Reduzieren Sie die Hitze auf die niedrigste Stufe und lassen Sie sie leicht köcheln, bis Sie das Fleisch dazugeben können.
4. In einer Pfanne das Pflanzenöl erhitzen. Fügen Sie das Rindfleisch hinzu und kochen Sie ihn unter häufigem Rühren 4-5 Minuten lang oder bis er leicht gebräunt und an den Rändern knusprig ist.
5. Reduzieren Sie die Hitze auf niedrig und geben Sie die Sauce in die Pfanne. Umrühren und weitergaren, bis die Sauce am Fleisch haftet.

Vom Herd nehmen und heiß servieren, mit Reis und / oder Gemüse der Wahl und auf Wunsch mit Sesam und Frühlingszwiebeln garnieren.

Süßkartoffel-Rosenkohl-Quinoa-Bowl

Zubereitungszeit: 30 Minuten

Nährwertangaben: Kalorien: 220 kcal, Kohlenhydrate: 36 g, Fett: 6 g, Eiweiß: 7 g

Zutaten:

- 1 Tasse Quinoa
- 1/2 Tasse Gemüsebrühe
- 1 Esslöffel Olivenöl
- 2 Knoblauchzehen
- 1/2 Zwiebel gehackt
- 1 Esslöffel frische Ingwerwurzel
- 2 Tassen Süßkartoffeln
- 1 Tasse Rosenkohl in Scheiben geschnitten
- 2 Esslöffel getrocknete Preiselbeeren
- 1/4 Tasse Mandeln

Zubereitung:

1. Quinoa und Brühe in einen Topf geben. Bei mittlerer Hitze zum Kochen bringen. Abdecken und Hitze reduzieren, 15-20 Minuten köcheln lassen, bis die gesamte Flüssigkeit absorbiert ist.
2. Während der Zubereitung von Quinoa Olivenöl, Knoblauch, Zwiebeln und Ingwer in eine große Pfanne geben. Bei mittlerer Hitze 3-4 Minuten kochen. Süßkartoffeln und Rosenkohl dazugeben und 10 Minuten kochen lassen.
3. Gekochte Quinoa in die Pfanne geben und gut vermischen.
4. Alles in eine Schüssel geben und fügen Sie Preiselbeeren und Mandeln hinzu und mischen Sie es wieder.

Kichererbsensalat -Bowl

Zubereitungszeit: 20 Minuten

Nährwertangaben: Kalorien: 123 kcal, Kohlenhydrate: 12 g, Fett: 6 g, Eiweiß: 4 g

Zutaten:

- 400 g Kichererbsen
- Kleinpackung Koriander, grob gehackt
- kleine Packung Petersilie
- 1 rote Zwiebel, in dünne Scheiben geschnitten
- 2 große Tomaten
- 2 EL Olivenöl
- 1 Zitrone

Zubereitung:

1. Mischen Sie alle Zutaten miteinander und zerdrücken Sie sie ein wenig. Dadurch wird das Dressing besser aufgenommen. In eine Schüssel geben und genießen.

Artischocken-Auberginen-Reis -Bowl

Zubereitungszeit: 20 Minuten

Nährwertangaben: Kalorien: 430 kcal, Kohlenhydrate: 58 g, Fett: 16 g, Eiweiß: 8 g

Zutaten:

- 60 ml Olivenöl
- 2 Auberginen
- 1 große Zwiebel
- 2 Knoblauchzehen, zerdrückt
- kleine Packung Petersilie
- 2 TL geräucherter Paprika
- 2 TL Kurkuma
- 400 g Reis
- 1½ l Gemüsebrühe
- 175g gegrillte Artischocken
- 2 Zitronen

Zubereitung:

1. 2 EL Öl in einer großen Antihaft-Bratpfanne erhitzen. Braten Sie die Auberginen an, bis sie von allen Seiten schön gefärbt sind, entfernen Sie sie und legen Sie sie beiseite. Geben Sie einen weiteren Esslöffel Öl in die Pfanne und braten Sie die Zwiebel 2-3 Minuten lang oder bis sie weich ist. Fügen Sie die Knoblauch- und Petersilienstiele hinzu, kochen Sie einige Minuten länger und rühren Sie dann die Gewürze und den Reis unter, bis alles gut bedeckt ist. 2 Minuten erhitzen, die Hälfte der Brühe dazugeben und unbedeckt bei mittlerer Hitze 20 Minuten kochen lassen, dabei gelegentlich umrühren.
2. Die Aubergine und die Artischocken in die Mischung einlegen, über die restliche Brühe gießen und weitere 20 Minuten kochen lassen oder bis der Reis gar ist. Petersilienblätter hacken, mit dem Zitronensaft durchrühren und gut würzen. In die Schüssel geben und Zitronen an die Seiten legen.

Zwiebel & Tomatensalat-Bowl

Zubereitungszeit: 20 Minuten

Nährwertangaben: Kalorien: 80 kcal, Kohlenhydrate: 4 g, Fett: 6 g, Eiweiß: 2 g

Zutaten:

- 2 Bund Zwiebeln, geschnitten
- 270g Packung gemischte kleine Tomaten, halbiert
- 50g Brunnenkresse

Für das Dressing

- 1 in Essig eingelegte Zwiebel
- 2 TL Weißweinessig
- 2 EL Olivenöl
- ½ TL Dijon-Senf
- eine gute Prise Puderzucker

Zubereitung:

1. Erhitzen Sie eine Antihaft-Bratpfanne, bis sie sehr heiß ist. Schneiden Sie die Zwiebeln der Länge nach in zwei Hälften und kochen Sie sie etwa 2½ Minuten lang auf jeder Seite. Übertragen Sie auf einen Teller, während Sie den Rest des Salats vorbereiten.
2. Die geschnittenen Tomaten 30 Sekunden und 1 Minute kochen, bis sie weich und karamellisiert sind. Dann mit den Zwiebeln beiseitestellen.
3. Um das Dressing zuzubereiten, alle Zutaten mit etwas Würzmittel in ein Gefäß geben und gut schütteln. Wenn Sie fertig sind, stapeln Sie Brunnenkresse, Zwiebeln und Tomaten in eine Schüssel. Das Dressing kurz schütteln, dann den ganzen Salat damit beträufeln.

Karotten-Koriander-Suppe Bowl

Zubereitungszeit: 45 Minuten

Nährwertangaben: Kalorien: 115 kcal, Kohlenhydrate: 19 g, Fett: 4 g, Eiweiß: 3 g

Zutaten:

- 1 EL Pflanzenöl
- 1 Zwiebel
- 1 TL gemahlener Koriander
- 1 Kartoffel
- 450 g Karotten
- 1,2l Gemüse- oder Hühnerbrühe
- Handvoll Koriander

Zubereitung:

1. 1 EL Pflanzenöl in einer großen Pfanne erhitzen, 1 gehackte Zwiebel dazugeben und 5 Minuten braten.
2. 1 TL gemahlenen Koriander und 1 gehackte Kartoffel unterrühren und 1 Minute kochen lassen.
3. 450 g geschälte und gehackte Karotten und 1,2 l Gemüse- oder Hühnerbrühe hinzufügen, zum Kochen bringen und die Hitze reduzieren.
4. Abdecken und 20 Minuten kochen, bis die Karotten weich sind.
5. Mit einer Handvoll Koriander in eine Küchenmaschine geben und mischen. Zurück in die Pfanne geben, abschmecken, bei Bedarf Salz hinzufügen.

Nudelsalat-Bowl

Zubereitungszeit: 22 Minuten

Nährwertangaben: Kalorien: 290 kcal, Kohlenhydrate: 51 g, Fett: 7 g, Eiweiß: 10 g

Zutaten:

- 250 g Nudeln
- 140 g gefrorene Erbsen
- Petersilie
- kleine Packung Schnittlauch, geschnitten
- Saft 1 Zitrone
- 2 EL Olivenöl

Zubereitung:

1. Kochen Sie die Nudeln und geben Sie die Erbsen die letzten 2 Minuten hinzu.
2. Abtropfen lassen, zum Abkühlen mit kaltem Wasser abspülen und erneut abtropfen lassen. Mit den gehackten Kräutern, Zitronenschale und Saft, Olivenöl und viel Gewürz in eine Schüssel geben und gut mischen.
3. Abdecken, abkühlen lassen und nach und nach Portionen in die Schüsseln herauslöffeln.

Mexikanische Fiestareis-Bowl

Zubereitungszeit: 35 Minuten

Nährwertangaben: Kalorien: 160 kcal, Kohlenhydrate: 29 g, Fett: 3 g, Eiweiß: 4 g

Zutaten:

- 2 EL Olivenöl
- 1 Zwiebel
- 2 Paprikaschoten
- 4 Knoblauchzehen
- 1 TL Kreuzkümmel
- 1 EL Tomatenmark
- kleine Prise süß geräucherter Paprika
- 250 g Basmatireis
- 450 ml heiße Gemüsebrühe
- fein gehackter Koriander und geschnittene Frühlingszwiebeln zum Servieren

Zubereitung:

1. Das Öl in einem großen Topf mit Deckel erhitzen, dann die Zwiebel, Paprika, den Knoblauch und den Kreuzkümmel dazugeben und 8 bis 10 Minuten lang leicht brutzeln, bis das Gemüse weich und goldgelb ist. Tomatenmark und geräucherten Paprika einrühren und 1 Minute kochen lassen, dann den Reis einrühren.
2. Die Brühe übergießen, abdecken und zum Kochen bringen. Schnell umrühren, dann wieder zudecken und auf die niedrigste Hitze stellen. 10 Minuten köcheln lassen. Wenn Sie sofort servieren, rühren Sie den Koriander und die Frühlingszwiebeln hinein; Alternativ lassen Sie den Reis abkühlen.

Butterbohnen -Bowl

Zubereitungszeit: 35 Minuten

Nährwertangaben: Kalorien: 320 kcal, Kohlenhydrate: 51 g, Fett: 11 g, Eiweiß: 9 g

Zutaten:

- 200 g brauner Reis
- 3 EL Olivenöl
- 200 g Mangold
- 3 Knoblauchzehen, fein geschnitten
- 400 g Butterbohnen, gespült und abgetropft
- ½ TL Kreuzkümmel
- 1 TL geräucherter Paprika
- Naturjoghurt zum Servieren (optional)

Zubereitung:

1. Spülen Sie den Reis in kaltem fließendem Wasser. Eine große Pfanne Wasser zum Kochen bringen, den Reis 20-25 Minuten kochen lassen und dann abtropfen lassen.
2. Stellen Sie eine breite Pfanne mit Deckel bei mittlerer Hitze mit 2 EL Öl auf den Herd. Fügen Sie das Gemüse, Salz und Pfeffer hinzu und kochen Sie es bei geschlossenem Deckel unter häufigem Rühren, bis das Gemüse leicht gedämpft und verwelkt ist (ca. 4-5 Minuten).
3. Fügen Sie den Knoblauch und dann die Butterbohnen hinzu und kochen Sie alles. Das restliche Öl, dann die Kreuzkümmel und den geräucherten Paprika hinzufügen. Rühren Sie sich bis gleichmäßig kombiniert und servieren Sie über dem gekochten Reis mit Joghurt, wenn Sie mögen.

Garnelen- und Getreide Poke Bowl

Zubereitungszeit: 15 Minuten

Nährwertangaben: Kalorien: 590 kcal, Kohlenhydrate: 40 g, Fett: 35 g, Eiweiß:24 g

Zutaten:

- 3 Limetten
- 1 rote Chili, entkernt und fein gehackt
- 2 EL Sesamöl
- 150g gekochte Riesengarnelen
- 250 g Beutel mit gemischten Körnern
- 1 reife Avocado
- 6 Radieschen
- 100 g Mango, geschält und gewürfelt
- 3 Frühlingszwiebeln
- Prise Sesam zum Servieren (optional)

Zubereitung:

1. Limettensaft, Chili und Öl in einer Schüssel verquirlen. Würzen, Garnelen dazugeben und 10 Minuten marinieren lassen.
2. In der Zwischenzeit die Körner in ein Sieb geben und heißes Wasser aus dem Wasserkocher darüber gießen, um sie leicht zu erweichen. Gut abtropfen lassen.
3. Teilen Sie die Körner zwischen zwei Schalen. Mit marinierten Garnelen, Avocado, Radieschen, Mango und Frühlingszwiebeln garnieren. Die übrig gebliebene Marinade dazugeben und mit einer Prise Sesam servieren, wenn Sie möchten.

Curry-Kokos Poke Bowl

Zubereitungszeit: 20 Minuten

Nährwertangaben: Kalorien: 438 kcal, Kohlenhydrate: 63 g, Fett: 6 g, Eiweiß: 28 g

Zutaten:

- 2 große Tilapia-Filets ca. 125 g
- 2 TL gelbe oder rote Currypaste
- 2 TL ausgetrocknete Kokosnuss
- Saft 1 Limette
- 1 TL Sojasauce
- 140 g Basmatireis
- 2 EL süße Chilisoße
- 1 rote Chili, in Scheiben geschnitten
- 200 g gekochter dünnstieliger Brokkoli

Zubereitung:

1. Backofen auf 200C erwärmen. 4 große Folienstücke abreißen, verdoppeln und jeweils ein Fischfilet in die Mitte legen. Die Currypaste darauf verteilen. Kokosnuss, Limettenschale, Saft und Soja auf jedes Filet verteilen. Ziehen Sie die Seiten der Folie nach oben und drücken Sie dann die Kanten und Seiten zusammen, um 2 versiegelte Pakete zu erhalten.

2. Die Päckchen auf ein Backblech legen und 10-15 Minuten backen. Den Reis in eine Pfanne mit viel Wasser geben und 12-15 Minuten kochen lassen oder bis er gar ist. Gut abtropfen lassen. Den Fisch auf dem Reis in einer Schüssel servieren, die Chilisauce dazugeben und mit geschnittenen Chilis bestreuen. Mit Brokkoli und Limettenschnitzen servieren.

Fisch mit Erbsen Poke Bowl

Zubereitungszeit: 15 Minuten

Nährwertangaben: Kalorien: 280 kcal, Kohlenhydrate: 7 g, Fett: 15 g, Eiweiß: 30 g

Zutaten:

- 1 Gemüsesalat, zerkleinert
- 2 Frühlingszwiebeln
- Handvoll gefrorene Erbsen
- 1 EL Olivenöl
- 140g Weißfischfilet ohne Knochen
- 1 EL fettarme Creme fraîche

Zubereitung:

1. Salat, Frühlingszwiebeln und Erbsen in einer mikrowellengeeigneten Schüssel vermengen. Mit Olivenöl beträufeln. Fischfilet daraufsetzen, Crème Fraîche geben und würzen. Mit Frischhaltefolie abdecken, dann Folie einstechen.
2. In die Mikrowelle für 6-8 Minuten geben, bis der Fisch fertig ist. Heben Sie den Fisch vom Salat und rühren Sie den Salat und die Erbsen gut um. Salatmischung und Sauce in eine Schüssel geben, dann Fisch daraufsetzen.

Scharfe Poke Bowl

Zubereitungszeit: 50 Minuten

Nährwertangaben: Kalorien: 660 kcal, Kohlenhydrate: 58 g, Fett: 26 g, Eiweiß:40 g

Zutaten:

- 1 EL Rapsöl
- 2 Zwiebeln, in dünne Scheiben geschnitten
- 3 Frühlingszwiebeln, gehackt
- 3 Knoblauchzehen, gehackt
- 1 rote Chilischote
- ein paar Thymianzweige
- 400 g gehackte Tomaten
- 400 ml Gemüsebouillon
- 2 grüne Paprikaschoten
- 160 g brauner Basmatireis
- 400 g und 210 g rote Bohnen, abgetropft
- Handvoll frischer Koriander, gehackt, plus ein paar Zweige extra
- Handvoll Petersilie, gehackt
- 550g Packung gefrorener Wildlachs
- 1 Limette

Zubereitung:

1. Erhitzen Sie das Öl in einer großen beschichteten Pfanne und braten Sie die Zwiebeln 8-10 Minuten lang, bis sie weich und goldbraun sind. Frühlingszwiebeln, Knoblauch, Chili und Thymian hinzufügen. 1 Minute kochen lassen. Tomaten und Bouillon dazugeben, Paprika unterrühren. Abdecken und 15 Minuten köcheln lassen.
2. In der Zwischenzeit den Reis nach Packungsanweisung kochen. Rühren Sie die Bohnen mit dem Koriander und der Petersilie ein und lassen Sie sie weitere 10 Minuten leicht kochen, bis die Paprikaschoten weich sind. Fügen Sie den Lachs und die Limette hinzu und kochen Sie sie 4-5 Minuten lang.
3. Die Hälfte des Eintopfs in zwei Schalen schöpfen und mit den Korianderzweigen bestreuen.

Meeresfrüchte und Pasta Poke Bowl

Zubereitungszeit: 20 Minuten

Nährwertangaben: Kalorien: 370 kcal, Kohlenhydrate: 62 g, Fett: 5 g, Eiweiß: 23 g

Zutaten:

- 1 EL Olivenöl
- 1 Zwiebel
- 1 Knoblauchzehe, gehackt
- 1 TL Paprika
- 400 g gehackte Tomaten
- 1l Hühnerbrühe
- 300 g Spaghetti
- 240 g gefrorene Meeresfrüchte-Mischung, aufgetaut
- Handvoll Petersilie und Zitronenschnitze zum Servieren

Zubereitung:

1. Das Öl in einem Wok oder einer großen Pfanne erhitzen, dann die Zwiebel und den Knoblauch bei mittlerer Hitze 5 Minuten weichkochen. Paprika, Tomaten und Brühe dazugeben und zum Kochen bringen.
2. Die Nudeln einrühren und 7 Minuten kochen, dabei gelegentlich umrühren, damit die Nudeln nicht anhaften. Rühren Sie die Meeresfrüchte ein, kochen Sie sie weitere 3 Minuten, bis alles durchgeheizt ist und die Nudeln gekocht sind, und würzen Sie sie dann nach Belieben. Mit Petersilie bestreuen und mit Zitronenschnitzen servieren.

Fisch mit schwarzen Oliven Poke Bowl

Zubereitungszeit: 25 Minuten

Nährwertangaben: Kalorien: 223 kcal, Kohlenhydrate: 7 g, Fett: 6 g, Eiweiß: 34 g

Zutaten:

- 175g schwarze Oliven in Öl
- 1 große Zwiebel
- 400g Tomaten
- 4 knochenlose Weißfischfilets wie zB isländischer Kabeljau
- gehackte Petersilie
- Zitrone

Zubereitung:

1. Den Backofen auf 180 ° C vorheizen. 1 EL Öl aus den Oliven in einer ofenfesten Pfanne erhitzen. Die Zwiebel dazugeben und gut umrühren, ein oder zwei Minuten kochen lassen und dann nochmals gut umrühren. Fügen Sie die Tomaten und etwas Salz und Pfeffer hinzu. Zum Kochen bringen, dann die Oliven hinzufügen.
2. Legen Sie den Fisch mit der Hautseite nach unten auf die Sauce. Unbedeckt 15 Minuten backen, bis der Fisch gar ist. Mit gehackter Petersilie bestreuen und mit Zitronenschnitzen servieren.

Thunfisch und weiße Bohnen Poke Bowl

Zubereitungszeit: 15 Minuten

Nährwertangaben: Kalorien: 270 kcal, Kohlenhydrate: 27 g, Fett: 5 g, Eiweiß: 32 g

Zutaten:

- 1 großer Bund Spargel
- 200 g Gelbflossenthun-Steaks
- 400 g Cannellini Bohnen
- 1 rote Zwiebel, sehr fein gehackt
- 2 EL Kapern
- 1 EL Olivenöl
- 1 EL Rotweinessig
- 2 EL Estragon

Zubereitung:

1. Den Spargel in einer großen Pfanne mit kochendem Wasser 4-5 Minuten kochen, bis er weich ist. Gut abtropfen lassen, unter fließendem Wasser abkühlen lassen und in fingerlange Stücke schneiden. Thunfisch, Bohnen, Zwiebeln, Kapern und Spargel in einer großen Schüssel vermengen.
2. Öl, Essig und Estragon vermengen und über den Salat gießen. Bis zum Servieren kaltstellen.

Kabeljau mit Chorizo-Krümel -Poke Bowl

Zubereitungszeit: 25 Minuten

Nährwertangaben: Kalorien: 400 kcal, Kohlenhydrate: 8 g, Fett: 25 g, Eiweiß: 40 g

Zutaten:

- 175g Chorizo
- 50g Paniermehl
- 25 g blanchierte Mandeln, geröstet und grob gehackt
- Eifer ½ Zitrone
- 1½ EL Olivenöl
- 6 knochenloser, hautloser Kabeljau
- 6 EL Mayonnaise
- ½ Knoblauchzehe, zerdrückt
- 2 TL Zitronensaft

Zubereitung:

1. Die Chorizo in eine Pfanne geben und bei mittlerer Hitze kochen. Mayonnaise, Knoblauch und Zitronensaft mit etwas Würzmittel verrühren.
2. Geben Sie die Chorizo in eine Küchenmaschine und zerkleinern Sie sie in kleine Stücke. Die Semmelbrösel, Mandeln, Zitronenschale, Gewürze und die Hälfte des Olivenöls dazugeben und wieder verarbeiten.
3. Backofen auf 200C erwärmen. Kabeljaufilets auf ein leicht gefettetes Backblech legen und mit dem restlichen Öl bestreichen.
4. Den Fisch 10 bis 15 Minuten in den Ofen geben. In einer Schüssel servieren.

Lachs mit Mango -Poke Bowl

Zubereitungszeit: 35 Minuten

Nährwertangaben: Kalorien: 400 kcal, Kohlenhydrate: 28 g, Fett: 19 g, Eiweiß:33 g

Zutaten:

- 2 EL klarer Honig
- 4 Lachsfilets
- Saft 2 Limetten
- ½ Rotkohl
- 1 feste, aber reife Mango
- 1 Paprika, in dünne Scheiben geschnitten
- 6 Frühlingszwiebeln
- kleiner Bund Koriander

Zubereitung:

1. Heizen Sie den Grill auf mittlerer Höhe. 1 EL Honig in eine Schüssel geben. Legen Sie die Lachsfilets auf ein mit Folie ausgekleidetes Backblech und bestreichen Sie jedes mit Honig. Auf der obersten Platte 8-10 Minuten garen.
2. In der Zwischenzeit den restlichen Honig, Limettensaft und etwas Gewürz in eine große Schüssel geben und mischen. Fügen Sie den Rotkohl, die Mango, den Pfeffer, die Frühlingszwiebeln und den Koriander hinzu und werfen Sie sie durch das Dressing. Den Lachs in einer Schüssel auf dem Krautsalat servieren.

Mediterrane Sardinen -Poke Bowl

Zubereitungszeit: 15 Minuten

Nährwertangaben: Kalorien: 140 kcal, Kohlenhydrate: 1 g, Fett: 10 g, Eiweiß: 10 g

Zutaten:

- 90g Salatblätter
- Handvoll schwarze Oliven, grob gehackt
- 1 EL Kapern
- 120 g Sardinen
- 1 EL Olivenöl
- 1 EL Rotweinessig

Zubereitung:

1. Die Salatblätter in Schüsseln verteilen, dann über die Oliven und Kapern streuen. Die Sardinen grob aufbrechen und zum Salat geben. Mit dem Öl und Essig beträufeln.

Fisch & Couscous-Poke Bowl

Zubereitungszeit: 30 Minuten

Nährwertangaben: Kalorien: 260 kcal, Kohlenhydrate: 34 g, Fett: 4 g, Eiweiß: 26 g

Zutaten:

- 125 g Weißfischfilets
- 2 Zitronen
- 1 rote Chilischote
- kleines Bündel Basilikum
- 200 g Kirschtomaten
- 100 g Couscous
- 2 EL Balsamico-Essig
- ½ Gurke, gewürfelt
- 2 EL schwarze Oliven, halbiert

Zubereitung:

1. Den Ofen auf 200C erwärmen. Ein kleines Blatt Folie nehmen und ein Fischfilet darauflegen. Den Fisch würzen, dann mit der Hälfte des Zitronensaftes und der Schale, der Hälfte der geschnittenen Chilischoten und der Hälfte des Basilikums beträufeln.
2. 4 Tomaten halbieren und um den Fisch legen. Legen Sie ein weiteres Blatt Folie darauf und falten Sie die Ränder zum Versiegeln zusammen. Wiederholen Sie mit dem anderen Stück Fisch und übertragen Sie auf ein Backblech. 15-18 Minuten backen.
3. 100 ml kochendes Wasser über den Couscous gießen, bedecken Sie ihn und lassen Sie ihn 5 Minuten lang anschwellen. Den Rest der Tomaten hacken und mit Couscous, Balsamico, Gurke, dem restlichen Basilikum, Zitronensaft, Zitronenschale und Oliven mischen. Würzen und zusammen mit dem Fisch und mit den Zitronenschnitzen servieren.

Thunfisch-Regenbogen -Poke Bowl

Zubereitungszeit: 15 Minuten

Nährwertangaben: Kalorien: 350 kcal, Kohlenhydrate: 28 g, Fett: 21 g, Eiweiß:15 g

Zutaten:

- 1 Paprika, in Scheiben geschnitten
- 1 große Karotte
- 340g Zuckermais
- 150g Zuckerschoten
- 6 gekochte Rote Beete
- 185g Thunfisch
- 100 g Mayonnaise
- 1 EL Zitronensaft
- 2 TL Vollkornsenf
- 1 TL Wasser
- Grüner Salat
- 1 Frühlingszwiebel

Zubereitung:

1. Mischen Sie in einer großen Schüssel Paprika, Karotte, Zuckermais, Zuckerschoten, Rote Beete und Thunfisch.
2. In einer kleinen Schüssel Mayonnaise, Zitronensaft, Vollkornsenf, Wasser und Gewürze zu einem Dressing vermengen.
3. Eine große Schüssel mit Salatblättern auslegen, mit dem Salat füllen und mit Dressing beträufeln. Mit Frühlingszwiebeln belegen und sofort servieren.

Makrele mit Orangensalsa Poke Bowl

Zubereitungszeit: 15 Minuten

Nährwertangaben: Kalorien: 460 kcal, Kohlenhydrate: 10 g, Fett: 34 g, Eiweiß:30 g

Zutaten:

- 4 Makrelenfilets ohne Knochen
- ½ TL geräucherter Paprika
- 2 Orangen
- 1 große Schalotte
- 50 g schwarze Oliven, grob gehackt
- 20g Petersilie, gehackt
- 1 EL Olivenöl
- Kartoffeln und grüne Bohnen zum Servieren (optional)

Zubereitung:

1. Reiben Sie die Filets auf beiden Seiten mit dem Paprika und etwas Salz ein und legen Sie sie beiseite. Die Orangensegmente mit der Schalotte, den Oliven, der Petersilie und einer guten Prise schwarzem Pfeffer mischen.
2. Das Öl in einer großen Pfanne erhitzen und die Makrele von beiden Seiten 2-3 Minuten braten. Mit der Salsa und ein paar neuen Kartoffeln und grünen Bohnen servieren, wenn Sie möchten.

Warme Reis-Garnelen Poke Bowl

Zubereitungszeit: 10 Minuten

Nährwertangaben: Kalorien: 403 kcal, Kohlenhydrate: 38 g, Fett: 13 g, Eiweiß:34 g

Zutaten:

- 250g mediterraner Tomatenreis
- 1 große Zucchini
- 250 g gekochte Riesengarnelen (aus dem Kühlregal)
- Eine gute Handvoll frische Basilikumblätter
- 1 Teelöffel Zitronensaft
- 1 EL Olivenöl
- 50-60 g Lieblingssalatblätter zum Servieren

Zubereitung:

1. Machen Sie den Reis, wie es auf der Packung steht, und geben Sie ihn in eine Schüssel.
2. Zucchini, Garnelen und Basilikum dazugeben, mit Zitronensaft und Öl anfeuchten und abschmecken.
3. In jede Schüssel eine Mischung aus Salatblättern anrichten, mit Olivenöl und Zitrone beträufeln und den Reissalat darüber geben.

Indische Hühnchen Protein-Bowl

Zubereitungszeit: 10 Minuten

Nährwertangaben: Kalorien: 230 kcal, Kohlenhydrate: 12 g, Fett: 7 g, Eiweiß: 30 g

Zutaten:

- 90g indische gewürzte Linsen
- 160 g Kirschtomaten
- 150g gekochtes Hähnchen ohne Haut
- Handvoll frischer Koriander, gehackt
- 4 EL Tzatziki

Zubereitung:

1. Reißen Sie die Ecke der Linsenpackung und geben Sie sie für 1 Minute in die Mikrowelle. Auskühlen lassen und in 2 große Schüsseln geben. Mit den Kirschtomaten und dem Hühnchen bestreuen, den frischen Koriander dazugeben und das Tzatziki geben.

Steak & Brokkoli -Bowl

Zubereitungszeit: 20 Minuten

Nährwertangaben: Kalorien: 380 kcal, Kohlenhydrate: 38 g, Fett: 10 g, Eiweiß:30 g

Zutaten:

- 250g Vollkornreis
- 2 EL gehackter Ingwer
- 4 Frühlingszwiebeln
- 160 g Brokkoli
- 225 g mageres Filetsteak

Zubereitung:

1. Die Reismischung in eine Schüssel geben und Ingwer, gehackte Zwiebeln und 4 EL Wasser unterrühren. Fügen Sie den Brokkoli und die weißen Frühlingszwiebeln hinzu, aber halten Sie die Zwiebeln oben zusammen, da Sie sie im nächsten Schritt benötigen. Mit Frischhaltefolie abdecken und in die Mikrowelle 5 Minuten geben.
2. In der Zwischenzeit eine antihaftbeschichtete Pfanne erhitzen und das Steak 2 Minuten auf jeder Seite anbraten. Dann beiseitestellen. Nehmen Sie das Zwiebelweiß aus der Schüssel und geben Sie es in die Pfanne, damit es ein wenig in den Fleischsäften verkohlt, während das Steak ruht.
3. Die Reismischung in 2 große Schüsseln geben. Das Steak in Scheiben schneiden, die verkohlten Zwiebeln darauf stapeln.

Steak & Auberginen-Bowl

Zubereitungszeit: 25 Minuten

Nährwertangaben: Kalorien: 450 kcal, Kohlenhydrate: 20 g, Fett: 30 g, Eiweiß: 25g

Zutaten

- 1 Aubergine
- 2 EL Mehl
- 3½ EL Olivenöl
- 1 Lendensteak
- 100 g Feldsalat
- 50 g Feta

Für das Dressing

- 1 grüne Chili, halbiert und gehackt
- ½ Zitrone
- ½ kleine Packung Koriander plus zusätzliche Blätter zum Servieren
- ½ Kleinpackung Minze

Zubereitung:

1. Die Auberginenscheiben mit etwas Würzmittel im Mehl bestäuben. 2 EL Olivenöl in einer großen Pfanne schimmernd erhitzen. Die Aubergine in die Pfanne geben und auf jeder Seite ein paar Minuten braten. Dann beiseitestellen. Drehen Sie die Hitze auf, würzen Sie das Steak, geben Sie es in die Pfanne und braten Sie es für 2 Minuten auf jeder Seite. 5 Minuten ruhen lassen, dann in Scheiben schneiden.
2. Das restliche Olivenöl in einem Mixer oder einer kleinen Küchenmaschine mit den restlichen Zutaten für das Dressing und einem Schuss Wasser aufschlagen. Zum Servieren die Hälfte des Dressings mit dem Feldsalat mischen und in eine Schüssel geben. Mit der knusprigen Aubergine und dem Steak bestreuen. Feta streuen und dann das restliche Dressing dazugeben. Die restlichen Kräuter darüber streuen und servieren.

Brokkoli-Nudelsalat-Bowl

Zubereitungszeit: 20 Minuten

Nährwertangaben: Kalorien: 430 kcal, Kohlenhydrate: 31 g, Fett: 22 g, Eiweiß: 25g

Zutaten

- 2 große Eier
- 75g Vollkornpenne
- 160 g Brokkoli
- 160 g feine Bohnen, geschnitten und halbiert
- 1 EL Miso
- 1 TL geriebener Ingwer
- 1 EL Rapsöl
- 2 EL Sonnenblumenkerne

Zubereitung:

1. Die Eier 8 Minuten hart kochen, dann schälen und halbieren. In der Zwischenzeit die Nudeln 5 Minuten kochen, den Brokkoli und die Bohnen dazugeben und weitere 5 Minuten kochen, bis alles zart ist.
2. Das Wasser abtropfen lassen, dann die Nudeln und das Gemüse in eine Schüssel geben und Miso, Ingwer, Öl und 4 EL Nudelwasser unterrühren. Mit den Eiern und Kernen garnieren.

Proteinreiche Nudelsalat-Bowl

Zubereitungszeit: 25 Minuten

Nährwertangaben: Kalorien: 520 kcal, Kohlenhydrate: 70 g, Fett: 16 g, Eiweiß: 25g

Zutaten

- 400 g Nudeln
- 4-5 EL frisches Pesto
- 1 EL Mayonnaise
- 2 EL griechischer Joghurt
- ½ Zitrone
- 200 g gemischtes, gekochtes Gemüse wie Erbsen, grüne Bohnen, Zucchini
- 100g Kirschtomaten, geviertelt
- 200 g gekochtes Hähnchen
- Schinken, Garnelen, hartgekochtes Ei oder Käse

Zubereitung:

1. Kochen Sie die Nudeln in kochendem Wasser, bis sie al dente sind (ca. 11 Minuten). Beachten Sie jedoch die Packungsanweisungen. Abtropfen lassen und in eine Schüssel geben. Das Pesto einrühren und abkühlen lassen.
2. Wenn die Nudeln abgekühlt sind, Mayo, Joghurt, Zitronensaft und Gemüse unterrühren. In Schüsseln geben und das gekochte Huhn darauflegen.

Pilz-Wurst-Nudeln-Bowl

Zubereitungszeit: 35 Minuten

Nährwertangaben: Kalorien: 700 kcal, Kohlenhydrate: 72 g, Fett: 30 g, Eiweiß: 30g

Zutaten

- 4 Würste
- 4 Speck-Scheiben, gewürfelt
- 200 g Champignons
- 350 g Nudeln
- 50 g Parmesan
- 2 Eigelb
- Bund Petersilie
- fein gehackt
- 2 EL Halbfettcreme fraîche

Zubereitung:

1. Braten Sie das Wurstfleisch 8-10 Minuten in einer beschichteten Pfanne an, bis es braun ist. Zerbrechen Sie es mit einem Holzlöffel, nehmen Sie es heraus und legen Sie es beiseite. Speck und Champignons 5-8 Minuten goldbraun braten, das Wurstfleisch zurückgeben und warmhalten.
2. Kochen Sie die Nudeln nach Packungsanweisung. Die Sauce mit Parmesan, Eigelb, Petersilie und Crème Fraîche zubereiten. Wenn die Nudeln gekocht sind, lassen Sie sie abtropfen und füllen Sie eine Kelle mit dem Kochwasser auf.
3. Die Pasta-Fleisch-Mischung bei schwacher Hitze mischen und die Sauce dazugeben. Würzen und schnell mischen. Etwas Wasser dazugeben. In Schüsseln geben und mit Parmesan und der restlichen Petersilie servieren.

Hähnchen und Oliven-Bowl

Zubereitungszeit: 25 Minuten

Nährwertangaben: Kalorien: 530 kcal, Kohlenhydrate: 8 g, Fett: 35 g, Eiweiß: 52 g

Zutaten

- 20g Basilikum
- 2 EL Öl
- 2 Knoblauchzehen, in dünne Scheiben geschnitten
- 400 g Kirschtomaten
- 1 TL Zucker
- Handvoll Oliven
- geschnittenes Fleisch von einem ganzen gekochten Huhn
- knuspriges Brot zum Servieren

Zubereitung:

1. Die Stängel von dem Basilikum fein hacken und die meisten Blätter zerkleinern. 2 EL Öl in einer mittelgroßen Pfanne erhitzen, dann geschnittene Knoblauchzehen und die Basilikumstangen 3 Minuten weich machen.

2. 400 g Kirschtomaten, 1 TL Zucker und das zerkleinerte Basilikum dazugeben. Zum Kochen bringen, dann 15 Minuten köcheln lassen, bis die Sauce eingekocht ist. Fügen Sie eine Handvoll Oliven, das geschnittene Fleisch von einem ganzen gekochten Huhn und alle Säfte hinzu. Vorsichtig umrühren. 2 Minuten köcheln lassen, mit Basilikumblättern bestreuen und dann mit knusprigem Brot servieren.

Puten-Tonnato -Bowl

Zubereitungszeit: 10 Minuten

Nährwertangaben: Kalorien: 260 kcal, Kohlenhydrate: 1 g, Fett: 14 g, Eiweiß: 33 g

Zutaten

- 100 g Mayonnaise (am besten mit Olivenöl)
- 1 EL Kapern
- 2 Sardellen
- 80 g Thunfisch
- Saft ½ Zitrone
- 400 g Truthahn

Zubereitung:

1. Den Mayo, die meisten Kapern, 1 ganze Sardelle, den Thunfisch und den größten Teil des Zitronensafts in eine Küchenmaschine geben. Rühren, bis der Thunfisch vollständig mit dem Mayo vermischt ist. Erst mit Pfeffer würzen, dann abschmecken und bei Bedarf Salz und mehr Zitronensaft hinzufügen.
2. Den Truthahn in Schüsseln verteilen, dann das Dressing gießen und mit den restlichen Kapern und geschnittenen Sardellen bestreuen. Sofort mit knusprigem Brot servieren.

Hähnchen-Gemüse -Bowl

Zubereitungszeit: 35 Minuten

Nährwertangaben: Kalorien: 630 kcal, Kohlenhydrate: 66 g, Fett: 18 g, Eiweiß: 50g

Zutaten

- 100 g Kokos-Joghurt
- 2 gehäufte EL Tandoori-Gewürzmischung
- 2 hautlose Hähnchenbruststücke
- 1 große Zwiebel
- 1 rote Paprika, in Stücke schneiden
- 250 ml passata
- 250 g gekochter Basmatireis
- 100 g gefrorene Erbsen
- kleiner Bund Koriander, grob gehackt

Zubereitung:

1. Mischen Sie 75 g Joghurt mit 1 EL der Gewürzmischung. Fügen Sie das Huhn hinzu und lassen Sie es mindestens 15 Minuten lang marinieren. Die restlichen Gewürze, die Zwiebel und einen guten Schuss Wasser erhitzen und unter häufigem Rühren 5 Minuten weich werden lassen.

2. Geben Sie die Paprika und die Passata dazu und lassen Sie sie köcheln, während Sie das Huhn kochen. Den Grill auf Hoch erhitzen, das Hähnchen aus der Marinade nehmen und den Überschuss abschütteln. Bei starker Hitze grillen, bis sich die Ränder verkohlen.

3. Reis und Erbsen mit einem Schuss Wasser in eine Pfanne geben und erhitzen. Den größten Teil des Korianders in die Sauce rühren. Servieren Sie den Reis in einer Schüssel mit dem Huhn und der Soße, mit dem restlichen Koriander und dem restlichen Joghurt.

Hot Tofuwraps

Nährwertangaben: Kalorien: 1037 kcal, Kohlenhydrate: 141 g, Fett: 31 g, Eiweiß: 41 g

Zutaten für 3 Stück:

- 1 kleiner Brokkoli
- 1 rote Paprika
- 1 Zwiebel
- 1 Karotte
- 4 Zehen Knoblauch
- 1 Chillischote oder 1TL Chillipulver
- 2TL getrockneter Oregano
- 1EL Olivenöl
- 1 Stück fester Tofu
- 2EL Sojasauce
- Saft einer halben Zitrone
- Tortillawraps
- optional: Tabasko, andere scharfe Sauce

Zubereitung:

1. Das Gemüse in sehr kleine Teile schneiden, dass sie sich später gut einrollen lassen.
2. Das Öl in einer Pfanne auf mittlere Stufe erhitzen
3. Erst die Zwiebel anschwitzen lassen und dann das restliche Gemüse dazugeben.
4. Währenddessen den Tofu ausdrücken, in kleine Würfel schneiden und mit in die Pfanne geben.
5. Die Gewürze und Sojasauce dazugeben und 5 Minuten braten lassen.
6. Dann den Tofumix auf einen Wrap verteilen und zusammenrollen.

Veganes Linsen-Chili

Zubereitungszeit: 20 Minuten

Nährwertangaben: Kalorien: 2666 kcal, Kohlenhydrate: 397 g, Fett: 26 g, Eiweiß: 193 g

Zutaten für 4 Personen:

- 300 g rote Linsen
- 300 g Zuckermais
- 450 g passierte Tomaten
- 300 g grüne Bohnen
- 2 TL Gemüsebrühe
- 2 EL Mandelmus
- 2 Zwiebeln
- 2 Knoblauchzehen
- 2 rote Paprika
- Je 2 Prisen Chilipulver und Pfeffer

Zubereitung:

1. Die Linsen in ½ Liter Gemüsebrühe kochen.
2. Inzwischen die Paprika entkernen und in Würfel schneiden. Zwiebeln schälen und in Scheiben schneiden.
3. In einem großen Topf die Zwiebeln anbraten, dann die Bohnen, Paprikawürfel und Tomaten dazugeben. Nun mit den Gewürzen abschmecken.
4. Nun Linsen, Mandelmus und Mais zufügen und kurz köcheln lassen.

Marokkanisch gewürzter Couscous

Nährwertangaben: Kalorien: 1287 kcal, Kohlenhydrate: 212 g, Fett: 31 g, Eiweiß: 32 g

Zutaten für 2 Portionen:

- 300g Couscous
- 1TL Salz
- ½ TL Zimt
- 1TL Paprikapulver
- 1TL Kreuzkümmel
- 350ml kochendes Wasser
- 2EL Olivenöl
- 2TL Reisessig
- 200g frischer Babyspinat

Zubereitung:

1. Den Couscous 8 Minuten mit geschlossenen Deckel im heißen Wasser ziehen lassen.
2. Dann Die Gewürze untermischen, nach Bedarf nachwürzen und das Olivenöl, wie den Essig dazu geben.
3. Den Babyspinat zum Schluss unterrühren und bei Raumtemperatur oder gekühlt servieren.

Vietnamesischer Reisnudelsalat

Nährwertangaben: Kalorien:1081 kcal, Kohlenhydrate: 70 g, Fett: 77 g, Eiweiß: 19 g

Zutaten für 4 Personen:

- 100ml Reisweinessig
- 1EL Zitronensaft
- 1TL Sojasauce
- 2TL Sesamöl
- 3EL Olivenöl
- 1 Packung dünne Reisnudeln (200g circa)
- ½ gehackter Salatkopf (Eichblatt, Kopfsalat)
- 2 Karotten in dünne Stifte geschnitten
- 1 Gurke, geschält und in dünne Stifte geschnitten
- ½ Bund frische Minze, gehackt
- ½ Bund frischer Baslikum, gehackt
- ½ Bund frischer Koriander, gehackt
- 3 Frühlingszwiebeln, gehackt
- 50g gesalzene Erdnüsse, klein gehackt
- Limettenviertel, zum Servieren

Zubereitung:

1. Für das Dressing, den Reisweinessig, Zitronensaft, Sojasauce, Sesamöl und Olivenöl in einem Glas mischen.
2. Die Nudel entsprechend der Verpackung gar kochen, dann unter kaltem Wasser abschrecken, bis sie kalt sind.
3. In einer Schüssel die Nudeln mit dem Gemüse und den Nüssen vermengen und schließlich das Dressing rübergeben. Zum Garnieren noch ein Stück Limette dazulegen.

Herzhafte Tempeh-Karotten Sandwiches

Nährwertangaben: Kalorien: 2873 kcal, Kohlenhydrate: 484 g, Fett: 42 g, Eiweiß: 131 g

Zutaten für 4 Portionen:

- 250g Tempeh
- 2 Karotten
- 250ml Gemüsebrühe
- 50ml Sojasauce
- 2TL Ahornsirup
- 4 Zehen Knoblauch, in dicke Scheiben geschnitten
- 1TL Kreuzkümmelpulver
- 1TL Olivenöl
- Salat, Tomaten, Avocado, rote Zwiebel, Senf
- 4 Brötchen oder 8 Scheiben Brot

Zubereitung:

1. Den Tempeh und die Karotten in 2cm lange Stifte schneiden.
2. In einer Pfanne die Brühe, Sojasauce, Ahoirnsirup, Knoblauch und Kreuzkümmelpulver erhitzen, bis es köchelt und für 30 Sekunden den Tempeh und Karotten darin schwenken. Die Pfanne mit Alufolie bedecken und das Ganze im Kühlschrank 4-8 Stunden marinieren lassen.
3. Die Marinade aus der Pfanne entfernen und auf mittlerer Hitze die Karotten und das Tempeh braten, circa 3 Minuten pro Seite, bis alles goldbraun wird. Je nach Bedarf ruhig etwas Marinade dazugeben.
4. Das Brot mit Senf, Salat, Tomate, Zwiebel und Avocadoscheiben belegen und dann das Sandwich mit dem marinierten Tempeh-Karottenmix abrunden.

Falafel

Nährwertangaben: Kalorien: 720 kcal, Kohlenhydrate: 83 g, Fett: 30 g, Eiweiß: 24g

Zutaten für 20 Stück:

- 200g getrocknete Kichererbsen
- 1 Scheibe trockenes Toastbrot
- 1 Zwiebeln
- 4 Zehen Knoblauchpulver
- ½ Bund frische Petersilie
- 2TL Kreuzkümmelpulver
- 2TL Korianderpulver
- Salz und Pfeffer
- 2EL Mehl
- 1TL Backpulver
- 1l Öl zum Frittieren

Zubereitung:

1. Die Kichererbsen in ausreichend viel Wasser für mindestens 12 Stunden quellen lassen.
2. Das Brot zerkrümeln, Zwiebeln und Knoblauch grob hacken und bei der Petersilie die Blätter vom Stunk trennen.
3. Brot, Zwiebeln, Knoblauch, Petersilie und Kichererbsen in einen Mixer zerkleinern.
4. Das Püree mit den Gewürzen abschmecken und mit dem Mehl und dem Backpulver vermengen und daraus dann walnussgroße Bällchen formen.
5. Das Öl in einem Kochtopf erhitzen, es ist heiß genug, sobald sich, wenn man ein hölzernen Schaschlikspieß reinhält sich reichlich Bläschen bilden. Darin werden die Falafeln dann circa 5 Minuten goldbraun frittiert. Im Anschluss auf ein paar Blättern Küchenrolle abtropfen lassen.
6. Zur Falafel passen frischer Salat und Tortillawraps.

Tofu-Nuggets

Nährwertangaben: Kalorien: 212 kcal, Kohlenhydrate: 12 g, Fett: 9 g, Eiweiß: 20 g

Zutaten für 2 Portionen:

- 1 Packung fester Tofu (200g)
- 1EL Mehl
- 2EL Sojasauce
- 1EL Hefeflocken
- 1TL Paprikapulver
- 1TL Currypulver
- Salz und Pfeffer
- 3EL Wasser
- Nach Bedarf Semmelbrösel

Zubereitung:

1. Den Tofu in 2cm große Würfel schneiden und diese in der Sojasauce marinieren.
2. Hefeflocken, Mehl, Salz, Pfeffer, Currypulver, und Paprikapulver in einer Schüssel mischen und das Wasser dazugeben, bis eine cremige Konsistenz entsteht.
3. Die Semmelbrösel auf einen Teller schütten.
4. Dann die Tofuwürfel erst in die Mehlmischung tauchen und dann in den Semmelbröseln wenden.
5. Schließlich werden die Tofuwürfel in heißem Öl goldbraun gebraten.

Veganes Hamburger-Brötchen

Zubereitungszeit: 15 Minuten

Gehzeit: 120 Minuten

Backzeit: 15 Minuten

Nährwertangaben: Kalorien: 740 kcal, Kohlenhydrate: 98 g, Fett: 33 g, Eiweiß: 5.g

Zutaten für 2 Stück:

- 5 g frische Hefe
- 2 EL Honig
- 20 ml Wasser
- 30 ml Sojamilch
- 20 g Sojabutter
- Pfeffer und Salz
- 110 g Vollkornmehl
- 2 EL Sesam

Zubereitung:

1. Die Hefe mit dem Honig, Wasser und Milch vermischen und 10-15 Minuten abgedeckt gehen lassen.
2. In einer Schüssel Butter, Salz und Mehl etwa 5 Minuten verkneten. Dann die Hefemischung zufügen und nochmal gut durchkneten. Den Teig 1-1 ½ Stunden gehen lassen.
3. Danach den Teig halbieren und zu 2 Kugeln formen. Dann die Teiglinge auf ein Backblech setzen und dort nochmal 1 Stunde gehen lassen.
4. Dann im vorgeheizten Backofen bei 180°C 12-15 Minuten backen.
5. Dann die Brötchen auskühlen lassen, halbieren und nach Geschmack belegen.

Vegetarische Gerichte

Käsebrokkoli-Nudelauflauf

Zubereitungszeit: 30 Minuten

Nährwertangaben: Kalorien: 540 kcal, Kohlenhydrate: 67 g, Fett: 21 g, Eiweiß: 25g

Zutaten:

- 280 g Nudeln
- 280 g Brokkoli
- 25 g Butter
- 25 g Mehl
- 300 ml Milch
- 1 EL Vollkornsenf
- 140g reifer Cheddar, gerieben

Zubereitung:

1. Kochen Sie die Nudeln, geben Sie den Brokkoli für die letzten 4-5 Minuten hinzu und kochen Sie, bis sie weich sind. Gut abtropfen lassen, dann den Grill erhitzen.

2. Die Butter in einem Topf erhitzen und das Mehl unterrühren. 1 Minute kochen lassen, dann nach und nach die Milch hinzufügen und zwischen jeder Zugabe gut umrühren. Zum Kochen bringen, umrühren, dann 2 Minuten köcheln lassen, dann den Senf, die Hälfte des Käses und das Gewürz unterrühren.

3. Die Nudeln und den Brokkoli unter die Sauce mischen und in eine Auflaufform geben. Den restlichen Käse verstreuen und 3-4 Minuten unter einen heißen Grill stellen, bis es goldbraun und sprudelnd ist.

Schnelles Tomatenrisotto

Zubereitungszeit: 25 Minuten

Nährwertangaben: Kalorien: 430 kcal, Kohlenhydrate: 62 g, Fett: 17 g, Eiweiß: 13g

Zutaten:

- 250 g Risottoreis
- 1 Zwiebel
- 50 g Butter
- 250ml Gemüsebrühe
- 500 ml Passata
- 500 g Kirschtomate
- 100 g Mozzarella, abgetropft und in große Stücke geschnitten
- geriebener Parmesan (oder vegetarische Alternative) und zerkleinertes Basilikum

Zubereitung:

1. Reis, Zwiebel und die Hälfte der Butter in eine große mikrowellenfeste Schüssel geben. Bedecken Sie und kochen Sie in der Mikrowelle auf Hoch für 3 Minuten. Brühe und Passata einrühren und unbedeckt 10 Minuten weitergaren. Rühren Sie es gut um und mischen Sie die Tomaten und den Mozzarella unter. Weitere 8 Minuten in der Mikrowelle erhitzen, bis der Reis gekocht und die Tomaten weich geworden sind.

2. Das Risotto einige Minuten ruhen lassen, dann die restliche Butter, den Parmesan und das Basilikum unterrühren. Nach Geschmack würzen.

Gemischtes Bohnengulasch

Zubereitungszeit: 45 Minuten

Nährwertangaben: Kalorien: 460 kcal, Kohlenhydrate: 40 g, Fett: 28 g, Eiweiß: 17 g

Zutaten:

- 2 EL Olivenöl
- 1 große Zwiebel
- 1 EL geräucherter Paprika
- 400g Tomaten
- 400g Bohnen, abtropfen lassen und abspülen

Zubereitung:

1. Das Öl in einem großen Topf erhitzen und die Zwiebel 5 Minuten braten, bis sie weich ist. Den Paprika dazugeben und eine weitere Minute kochen lassen, dann die Tomaten und 1/2 Dose Wasser unterrühren. 10 Minuten leicht köcheln lassen, bis die Masse eingedickt und glänzend ist.

2. Geben Sie die gemischten Bohnen dazu und kochen Sie weitere 2 Minuten, um sie nur durch die Bohnen zu erhitzen. In warme Schüsseln geben und mit Sauerrahm und gerösteten Ciabatta-Scheiben servieren, mit Olivenöl beträufelt.

Vegetarischer Flammkuchen

Zubereitungszeit: 35 Minuten

Backzeit: 25 + 15 Minuten

Nährwertangaben: Kalorien: 781 kcal, Kohlenhydrate: 24 g, Fett: 52 g, Eiweiß: 46g

Zutaten für 1 Portion:

- ¼ Blumenkohl
- 1 Zwiebel
- 1 rote Paprika
- 2 Eier
- 100 g geriebener Käse
- 40 g Creme fraiche
- Je 1 Prise schwarzer Pfeffer und Salz

Zubereitung:

1. Den Blumenkohl fein raspeln. Dann die Eier und etwa ¾ des Käse dazugeben und vermischen, dabei leicht salzen.
2. Den Backofen auf 180°C vorheizen.
3. Ein Backblech mit Backpapier auslegen. Den Teig mit einem Springformrand in die runde Form bringen. Dann ca. 25 Minuten backen.
4. In der Zwischenzeit den übrigen Käse mit dem Creme fraiche vermischen und würzen.
5. Die Paprika in Streifen schneiden. Zwiebel schälen und in dünne Ringe schneiden.
6. Den Flammkuchenboden mit der Creme bestreichen und die Paprika und Zwiebeln darauf verteilen. Dann etwa 15 Minuten backen.

Quinoa-Burger

Zubereitungszeit: 20 Minuten

Nährwertangaben: Kalorien: 1150 kcal, Kohlenhydrate: 103 g, Fett: 56 g, Eiweiß: 49 g

Zutaten für 4 Stück:

- 125 g Quinoa
- 90 g geriebener Mozzarella
- 7 getrocknete Tomaten
- 2 Eier
- 3 EL Vollkornmehl
- ½ TL Pfeffer
- ½ TL gutes Salz
- 2 EL Olivenöl

Zubereitung:

1. Die Tomaten fein hacken.
2. Den Quinoa nach Packungsanleitung kochen.
3. Danach alle Zutaten –bis auf das Öl- in einer Schüssel vermengen.
4. Nun aus der Masse 4 Burger formen.
5. Die Burger in einer Pfanne mit dem Öl goldbraun anbraten.

Gebratener Möhren-Bohnen-Salat mit Feta

Zubereitungszeit: 40 Minuten

Nährwertangaben: Kalorien: 400 kcal, Kohlenhydrate: 36 g, Fett: 21 g, Eiweiß: 18 g

Zutaten:

- 1kg Babykarotten
- einige Zitronenthymianzweige (optional)
- 2 EL Olivenöl
- 175 g grüne Bohnen, garniert und halbiert
- 400 g Cannellini Bohnen
- 1 kleine rote Zwiebel, halbiert und fein geschnitten
- 200 g Schafskäse, zerbröckelt
- kleines Bündel Minze

Zubereitung:

1. Backofen auf 220 ° C erwärmen. Die Karotten in eine große Bratform geben, mit dem Zitronenthymian (falls verwendet) und der Hälfte des Öls vermischen und gut würzen. Ca. 30 Minuten goldbraun rösten und nach der Hälfte der Garzeit wenden.

2. In der Zwischenzeit die grünen Bohnen 2 Minuten in kochendem Wasser kochen. Abtropfen lassen, unter kaltem Wasser abkühlen lassen und erneut abtropfen lassen. Grüne Bohnen, Cannellini oder Butterbohnen, restliches Öl, Zwiebel und Feta mischen und abschmecken. Mit den heißen Karotten vermengen, dann die Minze kurz vor dem Servieren einreißen.

Maiskuchen mit Avocadosalsa

Zubereitungszeit: 20 Minuten

Nährwertangaben: Kalorien: 430 kcal, Kohlenhydrate: 48 g, Fett: 24 g, Eiweiß: 11 g

Zutaten:

- 50g selbstaufziehendes Mehl
- 1 Ei
- 200 g gefrorener Zuckermais
- Bund Frühlingszwiebeln
- 1 Avocado
- 1 Limette
- Handvoll gehackte Korianderblätter
- 1-2 EL Pflanzenöl
- gekühlte Bohnen zum Servieren

Zubereitung:

1. In einer Schüssel Mehl, Ei, Mais und die Hälfte der Zwiebeln mit etwas Würzmittel vermischen. Die Avocado mit den restlichen Zwiebeln, dem Limettensaft, dem Koriander und dem Gewürz mischen und beiseite stellen.

2. 1 EL Öl in einer beschichteten Pfanne erhitzen. Geben Sie einen Esslöffel der Maismischung in die Pfanne und glätten Sie sie zu Kuchen. Auf jeder Seite 2-3 Minuten bei mittlerer Hitze kochen lassen und bei Bedarf das restliche Öl hinzufügen. Heiß servieren mit Avocado-Salsa, Limettenschnitzen und warmen Bohnen.

Gegrilltes mediterranes Gemüse mit Bohnenbrei

Zubereitungszeit: 40 Minuten

Nährwertangaben: Kalorien: 300 kcal, Kohlenhydrate: 32 g, Fett: 13 g, Eiweiß: 13 g

Zutaten:

- 1 Paprika, entkernt und geviertelt
- 1 Aubergine
- 2 Zucchini
- 2 EL Olivenöl

Für den Brei

- 410g Bohnen, gespült
- 1 Knoblauchzehe, zerdrückt
- 100ml Gemüsebrühe
- 1 EL gehackter Koriander
- Zitrone

Zubereitung:

1. Den Grill erhitzen. Das Gemüse in einer Grillpfanne anrichten und leicht mit Öl bestreichen. Grillen Sie, bis es leicht gebräunt ist.

2. In der Zwischenzeit die Bohnen mit Knoblauch und Brühe in eine kleine Pfanne geben. Zum Kochen bringen und unbedeckt 10 Minuten köcheln lassen. Grob mit einem Kartoffelstampfer zerdrücken und etwas Wasser oder etwas mehr Brühe hinzufügen, wenn der Brei zu trocken erscheint. Das Gemüse und den Brei auf 2 Teller verteilen, mit Ölresten beträufeln und mit schwarzem Pfeffer und Koriander bestreuen. Jedem Teller einen Zitronenschnitz hinzufügen und servieren.

Risotto mit Artischocken, roten Zwiebeln und Rosmarin

Zubereitungszeit: 50 Minuten

Nährwertangaben: Kalorien: 300 kcal, Kohlenhydrate: 44 g, Fett: 10 g, Eiweiß: 9 g

Zutaten:

- 1 EL Olivenöl
- 2 rote Zwiebeln, in dünne Scheiben geschnitten
- 2 rote Paprikaschoten
- 2 EL Rosmarin
- 140 g Risotto-Reis
- 150 ml Weißwein
- 850 ml salzarme Gemüsebrühe
- 400 g Artischocken
- 2 EL geriebener Parmesan
- 2 EL geröstete Pinienkerne

Zubereitung:

1. Öl in einer großen Pfanne oder im Wok erhitzen. Die Zwiebeln 6-7 Minuten leicht kochen, bis sie weich und braun sind. Die Paprikaschoten und den Rosmarin dazugeben und weitere 5 Minuten kochen lassen. Reis hinzufügen und gut umrühren.

2. Wein und Brühe einfüllen. Zum Kochen bringen, dann die Hitze reduzieren und unter gelegentlichem Rühren leicht köcheln lassen, bis fast die gesamte Flüssigkeit absorbiert ist.

3. Rühren Sie eine andere Brühe ein und kochen Sie erneut, bis alles aufgesogen ist. Artischocken dazugeben und erneut köcheln lassen, bis der Reis zart ist.

4. Parmesan und ½ Pinienkerne unterrühren.

Rauchige Butterbohnen

Zubereitungszeit: 35 Minuten

Nährwertangaben: Kalorien: 320 kcal, Kohlenhydrate: 51 g, Fett: 11 g, Eiweiß: 9 g

Zutaten:

- 200 g brauner Reis
- 3 EL Raps- oder Olivenöl
- 200 g Mangold
- 3 Knoblauchzehen, fein geschnitten
- 400 g Butterbohnen, gespült und abgetropft
- ½ TL Kreuzkümmel
- 1 TL geräucherter Paprika
- Naturjoghurt zum Servieren (optional)

Zubereitung:

1. Spülen Sie den Reis in kaltem fließendem Wasser, bis er klar ist. Eine große Pfanne Wasser zum Kochen bringen, den Reis 20-25 Minuten kochen lassen und dann abtropfen lassen.

2. Stellen Sie eine breite Pfanne mit Deckel bei mittlerer Hitze mit 2 EL Öl. Fügen Sie das Gemüse, Salz und Pfeffer hinzu und kochen Sie es bei geschlossenem Deckel unter häufigem Rühren, bis das Gemüse leicht gedämpft und verwelkt ist (ca. 4-5 Minuten). Fügen Sie den Knoblauch hinzu und kochen Sie, bis er wohlriechend ist, dann fügen Sie die Butterbohnen hinzu und kochen Sie sie. Das restliche Öl, dann die Kreuzkümmel und den geräucherten Paprika hinzufügen. Rühren Sie sich bis gleichmäßig kombiniert und servieren Sie über dem gekochten Reis mit Joghurt, wenn Sie mögen.

Gewürzte Tortilla

Zubereitungszeit: 25 Minuten

Nährwertangaben: Kalorien: 330 kcal, Kohlenhydrate: 30 g, Fett: 17 g, Eiweiß: 19 g

Zutaten:

- 1 EL Sonnenblumenöl
- 1 Zwiebel
- 1 rote Chili, entkernt und zerkleinert
- 2 TL Curry-Gewürz
- 300 g Kirschtomaten
- 500 g gekochte Kartoffel
- Bund Koriander
- 8 Eier

Zubereitung:

1. Öl in einer großen Pfanne erhitzen. Die Zwiebel und die Hälfte der Chilis 5 Minuten braten, bis sie weich sind. Die Gewürze dazugeben, noch 1 Minute braten und dann die Kirschtomaten, die Kartoffeln und die Korianderhalme in die Pfanne geben. Würzen Sie die Eier gut, gießen Sie sie über das Gemüse und lassen Sie 8-10 Minuten lang leicht kochen, bis sie fast fest sind.

2. Den Grill erhitzen und die darunter liegende Tortilla 1-2 Minuten braten, bis die Oberseite fest ist. Die Korianderblätter und die restlichen Chili darüber streuen, in Scheiben schneiden und mit einem grünen Salat servieren.

Snacks

Früchtemüsli-Riegel

Nährwertangaben: Kalorien: 1766 kcal, Kohlenhydrate: 312g, Fett: 37g, Eiweiß: 34g

Zutaten für 30 Stück:

- 225 g Früchtemüsli – ohne Zucker
- 50 g Haferfleks
- 30 g Butter
- 50 g Vollrohrzucker
- 100 g flüssiger Honig
- 1 TL Apfelsaft
- 80 g Hagebuttenmus

Zubereitung:

1. Müsli und Haferfleks in einer kleinen Schüssel mischen.
2. In einer Pfanne Butter schmelzen, Zucker, Honig und Apfelsaft dazugeben, unter Rühren aufkochen, dann etwa 2 Minuten kochen, die Masse soll flüssig und goldgelb sein.
3. Die Pfanne vom Herd nehmen, die Müslimischung unterrühren, bis sich eine gleichmäßige Masse gebildet hat. Masse dann auf ein Backblech mit Backpapier geben, unter einer Frischhaltefolie mit der Nudelrolle zu einer Platte von etwa 25x20x1,5 cm ausrollen.
4. Folie entfernen, die Masse mindestens 25 Minuten abkühlen lassen. Inzwischen das Hagebuttenmus erwärmen, dann auf den Müsliblock verstreichen.
5. Zum Schluss den Block in Riegel schneiden, über Nacht trocknen lassen.

Pikantes Studentenfutter

Zubereitungszeit: 35 Minuten

Nährwertangaben: Kalorien: 2129 kcal, Kohlenhydrate: 139 g, Fett: 144 g, Eiweiß: 52 g

Zutaten für 10 Portionen:

- 1 Eiweiß
- 1 EL Zitronensaft
- Pfeffer und Salz
- 1 EL Paprikapulver, edelsüß
- 2 TL Currypulver
- 100 g Cashewkerne
- 100 g Mandelkerne
- 100 g Pecanuss-Kerne
- 100 g getrocknete Physalis
- 100 g getrocknete Aprikosen

Zubereitung:

1. Das Eiweiß in einer Schüssel aufschlagen, nun Zitronensaft, ½ TL Salz, Pfeffer, Paprika- und Currypulver sowie die Kerne dazugeben und gut verrühren.
2. Den Backofen auf 180°C vorheizen. Ein Bachblech mit Backpapier auslegen.
3. Nun die Masse auf dem Blech verteilen und etwa 10-15 Minuten rösten, dabei die Nüsse mehrmals mischen. Nach der Backzeit die Nüsse auf dem Blech komplett auskühlen lassen.
4. Die Physalis und Aprikosen klein würfeln und mit den Nüssen mischen.
5. Das Studentenfutter hält 3-4 Wochen, wenn es in Bechern, Dosen oder Tüten verpackt wird.

Fettfreie Chips

Nährwertangaben: Kalorien: 156 kcal, Kohlenhydrate: 14g, Fett: 10 g, Eiweiß: 2g

Zutaten:

- Pro Portion 1 festkochende Kartoffel
- Salz
- Öl

Zubereitung:

1. Kartoffeln abbürsten, mit Schale in feine Scheiben hobeln. Ein Backblech mit Backpapier auslegen, dünn mit Öl einstreichen, die Kartoffelscheiben nebeneinander drauflegen. Ein weiteres Backpapier einölen und mit der Ölseite auf die Kartoffeln legen. Ein weiteres Backblech draufsetzen –Wanne in Wanne-.
2. Im Ofen bei 180^C-200°C 20 Minuten backen, dann salzen.

Limburger Käse-Chips

Nährwertangaben: Kalorien: 614 kcal, Kohlenhydrate: 1g, Fett: 50g, Eiweiß: 40g

Zutaten:

- 200 g Rahm-Limburger – 50% Fett

Zubereitung:

1. Käse in kleine Stücke schneiden. Backofen auf 200°C Umluft vorheizen.
2. Backpapier auf ein Backblech legen. Darauf die Käsestücke verteilen.
3. Im Ofen auf der untersten Schiene 10-12 Minuten backen.
4. Käse auskühlen lassen, dann in mundgerechte Stücke schneiden.

Gesunde, knusprige Gemüsechips

Nährwertangaben: Kalorien: 244 kcal, Kohlenhydrate: 13 g, Fett: 18 g, Eiweiß: 3 g

Zutaten:

- 1 Möhre
- 1 rote Beete
- 1 Rettich
- 2 EL Olivenöl

Zubereitung:

1. Schälen Sie zunächst das Gemüse und waschen es anschließend mit Wasser ab. Nun schneiden Sie das Gemüse in runde Scheiben. Dabei ist wichtig, dass diese hauchdünn sind. Eventuell haben Sie eine spezielle Reibe, mit der Sie das machen können.
2. In einer verschließbaren Dose werden nun das Gemüse zusammen mit dem Olivenöl gemischt, in dem Sie die Dose schütteln.
3. Heizen Sie den Backofen auf 180 Grad Ober- Unterhitze auf. Bereiten Sie ein Backblech mit Backpapier vor und geben das in Olivenöl getränkte Gemüse drauf. Nun muss es ca. 20 Minuten braten, bis es knusprig ist. Achten Sie darauf, dass es nicht anbrennt und wenden Sie die Chips ab und zu.

Müsliriegel mit Cranberries und Nüssen

Zubereitungszeit: 40 Minuten

Nährwertangaben: Kalorien: 8780 kcal, Kohlenhydrate: 693 g, Fett: 616 g, Eiweiß: 50 g

Zutaten für 12 Stück:

- 100 g getrocknete Cranberries
- 75 g Haferflocken
- 20 g Amaranth – gepufft
- 80 g Ahornsirup
- 200 g gemischte Mandel- und Nusskerne
- 100 g brauner Zucker
- 1 Pck, Vanillezucker
- 50 g Kokosöl
- 2 EL Zitronensaft
- Salz

Zubereitung:

1. Zuerst Cranberries, Mandeln und Nüsse fein hacken. Dann mit den Haferflocken und dem Amaranth mischen.
2. Den Backofen auf 180°C vorheizen. Ein Backblech mit Backpapier auslegen.
3. In einem Topf Zucker, Vanillezucker, Ahornsirup und Zitronensaft kurz aufkochen, dann etwa 5 Minuten bei mittlerer Hitze köcheln lassen. Danach das Kokosöl zufügen und schmelzen lassen. Dann den Topf vom Herd nehmen und die Haferflockenmischung und 1 Prise Salz in den Topf einrühren.
4. Nun die Masse auf dem Backblech zu einem Rechteck von etwa 20x18 cm verteilen und fest andrücken. Dann 15 Minuten auf mittlerer Schiene backen.
5. Zum Schluss die Masse lauwarm auskühlen lassen und in ca. 10x3 cm große Riegel schneiden.

Desserts

Ananas-Kokos-Dessert

Nährwertangaben: Kalorien: 420 kcal, Kohlenhydrate: 93g, Fett: 3g, Eiweiß: 3g

Zutaten für 6 Portionen:

- 1 Ananas
- ½ Ds. Kokosmilch
- 2 EL Kuzu
- 1 TL Agar
- 3 TL Reissirup
- 10 Tropfen Stevia
- 1 Prise Salz

Zubereitung:

1. Die Ananas vierteln, den Mitterstrang herausschneiden und die Frucht in Stücke schneiden.
2. In einem Topf die Kokosmilch und die gleiche Menge Wasser mit Kuzu, Agar, Reissirup, Stevia und Salz verrühren und aufkochen
3. Die Ananasstücke dazugeben und einige Minuten kochen.
4. Das Dessert in Schalen füllen und servieren.

Tipp: Hat man Reste, diese in Gläser abfüllen und abkühlen lassen. Dann im Kühlschrank aufbewahren.

Apfel-Couscous

Zubereitungszeit: 20 Minuten

Nährwertangaben: Kalorien: 240kcal, Protein: 5g, Fett: 1g, Kohlenhydrate: 51g

Zutaten für 4 Portionen:

- 250 ml Wasser
- 250 ml Apfelsaft
- 200 g Couscous
- 2 große Äpfel
- Zitronensaft

Zubereitung:

1. Das Wasser mit dem Apfelsaft aufkochen, dann über den Couscous gießen und etwa 5-6 Minuten quellen lassen.
2. Die Äpfel schälen und das Fruchtfleisch würfeln. Dann mit etwas Wasser und dem Zitronensaft kurz dünsten lassen.
3. Die Apfelstücke unter den Couscous heben und servieren.

Milchreis mit Birnen

Zubereitungszeit: 30 Minuten

Nährwertangaben: Kalorien: 200kcal, Protein: 6g, Fett: 2g, Kohlenhydrate: 39g

Zutaten für 4 Portionen:

- ½ l Milch
- 100 g Rundkornreis
- 1 Apfel
- 1 Birnen
- 2 TL flüssiger Honig
- Zitronensaft

Zubereitung:

1. Die Milch mit dem Reis aufkochen und dann 20 Minuten bei kleiner Hitze quellen lassen.
2. Den Apfel und die Birne schälen und die Kerngehäuse entfernen. Das Fruchtfleisch fein raspeln und mit etwas Zitronensaft beträufeln.
3. Das Obst nun unter den Reis mischen, mit dem Honig süßen und etwa 10 Minuten durchziehen lassen.

Nussiger Grießschmarrn

Zubereitungszeit: 25 Minuten

Nährwertangaben: Kalorien: 480kcal, Protein: 12g, Fett: 11g, Kohlenhydrate: 82g

Zutaten für 4 Portionen:

- 150 ml Wasser
- 300 ml Milch
- Meersalz
- 300 g Weizengrieß
- 2 Msp. Vanillezucker
- 4 Äpfel
- 2 TL Butter
- 4 EL Walnüsse
- 2 Msp. Kakaopulver
- 2 EL flüssiger Honig

Zubereitung:

1. Das Wasser mit der Milch und etwas Salz aufkochen. Den Grieß einrühren und mit Vanillezucker abschmecken. Dann solange ziehen lassen, bis die Flüssigkeit aufgesaugt ist.
2. Inzwischen die Äpfel waschen, schälen und die Kerngehäuse entfernen. Das Fruchtfleisch in dünne Scheiben schneiden. Die Walnüsse fein hacken.
3. In einer Pfanne die Butter schmelzen und Nüsse und Äpfel darin andünsten. Den Grieß zugeben und alles kurz schwenken.
4. Nun mit Kakao abschmecken und mit Honig süßen. Den Schmarrn heiß servieren.

Nuss-Pudding

Nährwertangaben: Kalorien: 650 kcal, Kohlenhydrate: 75g, Fett: 34g, Eiweiß: 17g

Zutaten für 1 Portion:

- Rest von Getreide, z.B. Reis, Dinkel oder Hirse
- Haselnussmus
- Reissirup
- 5-6 Tropfen Stevia
- 1 Tasse kalter Tee
- Gehackte Nüsse
- 1-2 Prisen Meersalz

Zubereitung:

1. Den Backofen auf 180°C vorheizen.
2. Die Zutaten mischen, mit Salz würzen und den Tee dazugeben, bis eine wässrige Masse entstanden ist.
3. Die Masse in einer Auflaufform etwa 15-20 Minuten backen.

Tipp: Die genauen Mengen richten sich danach, wie viel Reste an Getreide vorhanden sind.

Reis-Mandel-Pudding

Nährwertangaben: Kalorien: 842 kcal, Kohlenhydrate: 131g, Fett: 26g, Eiweiß: 15g

Zutaten für 4 Portionen:

- 4 Tassen gekochter Reis
- 1 große Tasse Kräutertee
- 3 EL Mandelmus
- 3 EL Reissirup
- 10 Tropfen Stevia
- 1 Prise Salz
- 1 Handvoll Kokosflocken

Zubereitung:

1. Den Backofen auf 170°C vorheizen.
2. Die Zutaten in eine Auflaufform geben und vermischen.
3. Die Kokosflocken darüber verteilen.
4. Nun etwa 20-25 Minuten im Ofen überbacken.

Danke

Vielen Dank, dass sie dieses Buch gekauft haben.
Wir hoffen, es hat Ihnen gefallen und Ihre Erwartungen haben sich erfüllt.
Wir wünschen Ihnen für Ihre Zukunft alles Gute und vor allem Gesundheit. Hoffentlich konnten Sie dafür etwas aus diesem Buch für sich mitnehmen.
Wir würden uns sehr darüber freuen, wenn Sie dieses Buch weiterempfehlen würden und ein Feedback in Form einer Bewertung da lassen.

Quellen

-depositphotos.com

Haftungsausschluss

Der Inhalt dieses Buches wurde mit großer Sorgfalt geprüft und erstellt. Für die Vollständigkeit, Richtigkeit und Aktualität der Inhalte kann jedoch keine Garantie oder Gewähr übernommen werden. Der Inhalt dieses Buches repräsentieren die persönliche Erfahrung und Meinung des Autors und dient nur dem Unterhaltungszweck. Der Inhalt sollte nicht mit medizinischer Hilfe verwechselt werden. Es wird keine juristische Verantwortung oder Haftung für Schäden übernommen, die durch kontraproduktive Ausübung oder durch Fehler des Lesers entstehen. Es kann auch keine Garantie für Erfolg übernommen werden. Der Autor übernimmt daher keine Verantwortung für das Nicht-Erreichen der im Buch beschriebenen Ziele.

Impressum
1. Auflage 2019

Kontakt: Philipp Buhles / Marderbruch 16 / 48565 Steinfurt
Covergestaltung: Pseudonym,
Coverfoto: depositphotos.com

Printed in Poland
by Amazon Fulfillment
Poland Sp. z o.o., Wrocław

66972381R00123